교·육·이·바·로·서·야·우·리·가·산·다

| 교육이 바로 서야 우리가 산다 |

초판 1쇄 인쇄 | 2012.5.25
초판 1쇄 발행 | 2012.5.31
지은이 | 유영제
발행인 | 황인욱
발행처 | 도서출판 오래

주소 | 서울특별시 용산구 한강로 2가 156-13
이메일 | orebook@naver.com
전화 | (02)797-8786~7, 070-4109-9966
팩스 | (02)797-9911
홈페이지 | www.orebook.com
출판신고번호 | 제302-2010-000029호

ISBN 978-89-94707-61-7 (93370)

유영제 교수가 말하는 교육의 문제와 처방

교육이 바로 서야 우리가 산다

유영제 지음

圖書出版 오래

공과대학 교수가
웬 교육이야기

교육에 대하여 관심을 갖게 된 것은 대학생 시절이었다. 그 당시 일주일에 한번 정도 저녁이 되면 연희동에 갔다. 버스에서 내려 조그만 산을 30분 정도 걸어 올라가면 소위 달동네가 나온다. 그곳에서 2년간 야학 교사를 했다. 주로 국어와 과학을 가르쳤다. 그 당시는 정부의 정책 우선 순위는 산업화에 있었으므로 그에 따른 도시 빈민층의 문제나 노동자들의 복지는 신경을 쓸 여유가 없던 시절이었다. 부모가 가난하면 그 자녀의 교육기회도 없고 그러면 좋은 직업을 갖지 못하게 되고 또 그렇게 되어서 다시 자녀도 가난하게 되고…. 이러한 가난의 대물림을 이겨낼 수 있는 방법은 교육이라고 생각하여 많은 대학생들이 야학 교사로서 봉사했던 시절이었다. 나도 거기에 동참하여 야학 교사를 한 것이다. 나의 야학에 대한 관심은 대학을 졸업하고 회사에 취직한 뒤에도 계속되어 구로동에서도 노동자들을 대상으로 야학 교사를 하였다. 가끔은 내가 근무하는 회사로 선생님 바꿔 달라는 전화가 오면 주위에서 웬 선생을 회사에서 찾느냐고 하던 기억이 난다.

야학을 통한 교육은 우리나라가 가난했던 시절의 이야기이고 이제는 우리의 자녀들을 국가가 공교육을 통하여 국가의 발전에 동참할 수 있는 우수한 인재로 교육시키는 것이 당연할 것이다.

학생들에게 공학을 가르치게 되면서부터 교육에 대한 관심은 깊어졌다. 나는 1986년에 서울대 공대 교수가 된 이후 지금까지 25년간 학생들을 가르치고 있다. 공대 교수로서 우수한 인재를 길러 공학자, 과학기술자로서 세계 최고의 기술을 개발하고 국가 산업발전에 이바지하기를 기대하여 학생들을 지도하였다. 그러면서 어떤 학생들이 잘하는지를 관찰하게 되있다. 우수한 학생은 호기심이 강하고 기초 실력이 좋고 매사 적극적으로 자신의 일을 수행하였다. 먼저 호기심과 관심이 있어야 학업이나 연구에 열의가 생긴다. 또 기초 실력은 지식을 암기하는 것이 아니라 개념을 잘 이해하고 있는 데서 나오는 것이다. 그리고 적극성을 가지고 주위의 여러 사람들과 끊임없이 토론하면서 사고의 폭을 넓힐 줄 알아야 우수한 인재가 되는 것이다. 이러한 것들이 교육의 기본일 터인데, 중고등학교에서도, 대학에서도 그렇게 교육이 잘 이루어지지 않는다. 호기심 있고 기초개념이 확고하게 정립된 상태에서 어떤 주제에 대하여 열심히 생각하면 새로운 아이디어가 나온다. 그것을 통해 골치 아픈 일상의 문제를 해결할 수 있고 새로운 연구결과를 내놓게 되는 것이다. 이런 관점에서 우리의 교육을 어떻게 개선해야 하는지 생각해 보게 되었다.

대학에서의 보직수행을 하면서 교육에 대한 관심의 분야가 더욱 확대되었다. 교육일선에서 강의를 통해 여러 문제와 직면하기도 했지만 교육 행정적 측면에서 교육 현실을 보니 문제가 많이 보였다. 그래서 대학 교육 발전을 위한 연구 기획에 많이 참여하게 되었다. 대학의 교무부처장 2년, 입학처장 2년 총 4년을 대학에서 교육과 입시 문제를 다루면서 이런 문제를 어떻게 해결해야 하는지 깊이 생각하는 기회를 가지게 되었다.

대학이란 무엇을 하는 곳인가? 대학에서는 학생을 어떻게 교육하여야 하는가? 교육이 대한 이런 근본적 질문에 대한 답을 찾아보려고 나름대로 진력했다. 대학은 단순히 전공지식만을 공부하는 곳이 아니라, 인류와 국가의 발전을 위한 사명감을 가지고 공부하는 곳이다. 또 입학전형에서 우수한 자질의 학생을 선발할 수 있는 방법에 대해서도 연구해 보았다. 우수한 인적 자원 육성이야 말로 국가의 핵심적인 과제이기 때문이다. 선진국을 지향하고 있지만 아직도 우리는 비합리적인 방법으로 학사행정을 처리하는 경우도 많으며 이에 따라 대학 신입생 선발에도 많은 문제가 제기되고 있는 상황이다. 이것이 고등학교 교육을 파행으로 몰고 있는 주 이유이다. 교직에 있는 지난 25년 동안의 체험에 의하면 대학은 느리지만 꾸준히 변화, 발전해오고 있는 것은 분명하다. 그러나 아직도 대학의 변화가 시대의 추세를 따르지 못하고 있어 대학 개혁을 위한 과제는 여전히 많이 남아 있다.

공학교육학회에 관여하면서 공학 교육의 중요성을 더 많이 이야기 하게 되었다. 우리나라가 지난 50년 동안 이렇게 급속한 발전을 이루게 된 데는 공학기술자의 역할이 컸다는 사실은 누구도 부정할 수 없는 사실이다. 또 앞으로도 지식기반 사회에서 지식창출을 담당하고 이것을 산업으로 연결시킬 수 있는 공과대학 졸업생의 역할이 더욱 중대될 것이다. 그런 점에서 공과대학의 교육 수준과 내용은 아직도 개선의 여지가 많다. 그러나 무엇보다도 중요한 것은 과학기술에 흥미를 가진 고등학교 졸업생이 이공계 대학에 많이 올 수 있는 정책이 확립되어야 한다는 것이다. 그런 입장에서 고등학교의 과학교육을 생각해 보았다. 수능 위주의 공부, 점수 위주의 대학 선택, 실험교육이 빠진 과학수업…. 현실이 이러하니 과학교육을 포함한 고등학교 교육이 비정상적으로 가고 있음을 실감하게 되었다.

고등학교 교육은 근본적으로 변해야 한다. 고교교육을 대학입시에 맞출 것이 아니라 대학입시에서 정상적인 고교교육이 반영될 수 있도록 해야 한다. 그러기 위해서는 학생의 소질과 능력을 객관적이고 종합적으로 평가할 수 있는 대학입학전형이 필요하다. 주위에서 공교육이 얼마나 황폐화되었는지 듣고 있다. 사교육 열풍 속에서도 자녀를 학원에 보낼 경제적 여건이 안 되는 가정 이야기를 듣는다. 성적에 전념하다 보니 인성 교육에 소홀하다는 지적도 많다. 사교육비를 너무 많이 지출하여 가계가 휘청거린다. 그렇다고 교육이 제대로 이루어지는 것도 아니다. 사교육비는 점점 더 늘어만 가고, 공교육은 황폐화되어 간다. 이런 변화에 따라 대학입학전형도 수시로 바뀌게 된다. 이런 악순환이 반복되는 것은 교육의 대원칙을 무시하고 정치적으로 움직이고 있기 때문이다.

오늘날 교육의 현실을 보는 시각은 다양하다. 제도권에서는 우리 나라 교육은 큰 문제없이 잘되고 있다고 한다. 현재의 상황에서 교사의 자질을 높이는 것, 또 사교육을 억제하는 것 등이 중요한 이슈라고 한다. 그러면서 우리 학생들의 학업 성취도가 세계적으로 높은 수준에 있다는 것을 증거로 내세운다.

전교조나 참교육을 외치는 그룹에서는 오늘의 교육은 심각한 위기에 처해 있으며, 교육에 있어서 사회경제적 약자가 피해를 보지 않는 교육, 즉 가난의 대물림을 막을 수 있는 교육 장치가 필요하다고 주장한다. 또 초중등교육에서는 학생들이 자유롭게 커 나가기 위해서는 경쟁 위주의 교육을 없애야 한다고 주장하고 있다. 또 다른 그룹에서는 오늘의 교육 현실은 매우 심각하다는 데는 참교육을 주장하는 그룹과 인식을 같이하고 있지만 해법에 있어서는 공교육을 살리는 것. 그리고 우수 인재를 키워내는 것이 중요하다고 주장하고 있다.

교육을 전시행정 수준으로 생각해서는 해결이 안 된다. 교육을 정치적인 논리로 풀어도 안 된다. 교육은 국가 백년대계를 생각하며 원칙에 의하여 풀어야 한다. 그 대원칙은 학생들이 행복한 삶을 영위할 수 있도록 해야 하는 것이고 그 원칙을 전제로 하여 글로벌시대 수월성 있는 우수 인재를 배출해야 한다. 이런 교육 목표를 달성하기 위해 교육의 행정체계(governance system)가 바뀌어야 한다는 지적이 있으나 그것보다는 교육문제 그 자체를 논하는 것이 본질에 접근하는 바른 길이다.

오늘의 교육문제를 어떻게 이해하여야 하는가? 어떻게 하는 것이 우리 자녀를 최고의 인재로 만드는 것인가? 현실은 너무 복잡하게 얽혀 있다. 이럴 때일수록 대원칙을 생각하고 또 거기서 해결의 단서를 찾아야 한다. 그래야 우리 자녀가 산다. 가정이 산다. 그리고 국가의 미래가 있다. 이러한 바람으로 교육과 관련하여 필자가 오랫동안 생각한 것들은 것들을 정리하였다. 어떤 것은 이상적일 것으로 어떤 것은 상식적으로 보지만 교육의 원칙에 입각해 논의를 전개했다. 왜냐하면 원칙에 충실한 것만이 장기적으로 현실적인 어려움을 이길 수 있기 때문이다. 편법은 한순간은 좋아 보이지만 또 다른 편법을 낳게 하여 혼란을 가중시킬 뿐이다.

지난 25년간 학생들과 같이 지내면서 많은 경험을 하였다. 동료 교수들과 우리나라 교육 현실에 대하여 많이 한탄하였다. 특히 지난 몇 년간은 많은 교육관계자들을 만났다. 정부의 높은 관료도 만났고, 교육개발관련 연구원, 교육학자, 참교육을 외치는 교사, 상담교사, NGO, 과학교사, 대학교수도 만났다. 학부모들도 만났고 학원선생도 만났다. 학생들과도 이야기를 나누었고 졸업생들의 하소연도 들었다. 외국에 출장가면 그곳 교육에 대하여 질문하고 또 질문하였다. 어떻게 하면 학생들이 행복한 삶을 살 수 있고 또 최고의 실력자가 될 수 있는가 하는 화두가 잠시라도 내 머리에서 떠난 적이 없었다.

대학에서 훌륭한 졸업생을 배출하는 것이 지상과제라고 하여 대학 교육만 개선하는 것으로는 한계가 있다. 그래서 중고등학교 교육에 대한 필자의 소견도 글로 옮겼다.

글을 쓰는 과정에서 여러 분들이 조언해 주셨다. 누구나 알고 있어서 매스컴에서 늘 보고 듣는 이야기는 독자의 관심을 끌 수 없단다. 글에는 나만의 경험이 절실하게 드러나야 하고 내가 갖고 있는 교육에 대한 구체적인 해결 방안이 제시될 수 있어야 한다고 했다. 교육문제에 관심 있고 교육을 걱정하는 이들이 공감할 수 있도록 문제를 제기하는 것이 중요하다고 한다. 이러한 조언에 대하여 주로 자연과학 논문 위주의 글을 쓰는 필자로서는 많은 한계를 느끼지만 진솔하게 있는 그대로를 표현하려고 노력했다. 다행이 이 글을 쓰는 과정에서 뜻을 같이하는 여러 교육 관계자들을 만나게 되었고 그들과 교육에 대한 걱정을 같이 나누는 가운데 문제 해결의 실마리를 찾을 수 있었다고 생각한다.

출판과정에서도 여러분들이 도와주셨다. 특히 출판을 쾌히 맡아주신 황인욱 사장님과 편집 직원 여러분께 감사드린다.

2012년 봄날
관악산 연구실에서
유 영 제

차
례

교·육·이·바·로·서·야·우·리·가·산·다

1.

서울대 졸업생은 쓸만한가?

그들의 실력은 어느 정도인가?

오래 전부터 들어오는 서울대 출신에 대한 평가는 대체로 다음과 같다.

"서울대 출신은 똑똑하기는 한데 동료 등 다른 사람과 잘 어울리지 못한다." 물론 이 말이 서울대 졸업생 전체를 얘기하는 것은 아니고 일반적인 경향을 말하는 것이겠지만 서울대 교수로 재직하고 있는 입장에서 듣기에 유쾌한 말은 아니다. 그렇다면 서울대 출신이 이런 얘기를 듣는 이유는 무엇 때문일까? 그런 문제를 한 번 곰곰이 생각해보고자 한다.

서울대 학생이나 졸업생이 똑똑하다는 것에 대해서는 누구나 높은 점수를 준다. 그러나 사회성이 부족하고 리더십이 약하다는 지적을 많이 받는다. 이런 이유로 기업이나 조직에서 참모로는 유능하다고 인정을 받지만 최고 지도자로는 적합하지 않다고 말하는 사람도 있다. 이런 사회의 인식 때문에 서울대 출신들이 상위직으로 진출하는데 어려움이 있다면 교육 현장에서 그런 통념을 깨려는 노력이 필요할 것이다. 즉 대학에서 전문 분야의 교육뿐만 아니라, 인성이나 사회성 교육도 강화해야만 한다.

그런데 요즘에는 서울대 출신이라고 해서 다 똑똑하고 유능한 것이 아니라는 말을 종종 듣게 된다. 서울대 등 명문대 졸업생이 많이 가는 대덕연구단지에 있는 연구소 책임자에게서 직접 이런 얘기를 들었다.

"요즈음 들어오는 신입 연구원들은 창의성이 너무 부족하다. 그래서 우리나라 출연 연구소의 앞날이 매우 걱정된다. 예전의 선배 연구원들이 남아있을 때 연구 수준을 높여 놓아야지 신입 연구원들에게서 기대하기는 어렵나."

또 이와 비슷한 얘기를 대기업의 사장에게서 들은 적이 있다. "요즈음 서울대 출신의 신입사원은 그저 시키는 일만 수동적으로 한다. 그 뿐만 아니라 일하는 과정을 일일이 일러 주어야만 한다. 오래 전에 한마디만 하면 척척 알아서 하던 그런 시대는 지나갔다."

이런 얘기를 듣게 되면 서울대 교수의 입장에서 참 민망하기만 하다. 그렇지만 이런 지적이 최근 우리 대학 교육의 문제점을 직시한 사례가 될 수 있으리라는 점에서는 동의한다.

대학에서 우수한 성적을 거두고 대학원에 진학한 학생들에게 교수들은 기대를 한다. 그것은 물론 대학원 과정에서 우수한 연구 결과를 창출하는 것이다. 그런데 근래에 그런 기대가 자주 깨지는 경험을 하게 된다. 대학에서의 학점이 높아서 선발했는데 실제로 만나서 대화를 나누어보면 여러 가지 부족한 점이 눈에 띈다. 특히 문제를 파악하고 그 해결 방안을 어떤 순서를 거쳐 선택해야 하는지 종합적으로 사고하는 능력이 부족하다.

심지어는 간단한 계산조차 못하거나 전문 분야의 기본 개념도 파악하지 못하는 학생도 있다. 또 실험하는 것을 두려워하는 학생들도 많다. 이런 학생들을 만나면서 동료 교수들과 함께 요즈음 서울대학교 대학원 학생들의 실력과 수준이 많이 떨어졌다는 얘기를 나눈 적도 많다.

왜 이런 현상이 생기게 되었을까? 그것을 학생들 개인의 문제라기보다는 우리나라 교육 제도의 미비점을 찾는데서 그 원인을 밝히는 것이 옳을 것이다. 이런 학생들은 어릴 때부터 단편적인 지식을 암기하는 공부 방법에 익숙해져서 사고력이나 창의력을 키울 기회를 얻지 못했기 때문에 그럴 수밖에 없을 것이다. 암기를 잘하고, 정리를 잘하는 학생이 좋은 학점을 받는 분위기에서는 사고력을 키우거나 창의력을 신장시킬 수 있는 방법을 찾을 수 없다.

우리나라 대학의 수준이 세계 최고의 외국 대학들과 어깨를 겨루고 경쟁할 수 있도록 만드는 것이 우리의 소망이다. 미국의 하버드, MIT, 일본의 동경대, 영국의 옥스퍼드, 캠브리지 등과 견

주어도 부족하지 않을 대학을 우리도 가져야 한다. 대학의 경쟁력이 곧 국가의 경쟁력이 되는 시대에 살고 있기 때문이다.

물론 최근에는 우리나라에서도 세계적인 연구 결과를 창출하는 사례가 늘어나고 있다. 세계적인 학술지인 Science 등에 게재되는 논문의 숫자가 늘어나고 있고 서울대학교도 SCI에 인용되는 논문 수로 따지면 세계 30위권에 속한다.

이처럼 서울대의 연구 능력이 상당히 좋아지고 있기는 하지만 세계의 일류 대학에 견주어 보면 아직도 부족한 점이 많다. 재정 지원 등의 여건이 좋지 않아 연구에 전념할 수 있는 분위기가 조성되지 않는다거나 어떤 연구를 어떻게 하면 좋은지 알고 실천하는 전통이 확립되지 못했다. 그러나 무엇보다도 연구업적이 뛰어난 교수와 우수한 자질을 가진 학생 등 인적 자원이 부족하다는 점도 무시할 수 없다.

예외가 있기는 하지만 우리 대학 학부 과정을 거친 최우수 학생들은 대부분 선진국의 대학원으로 진학을 한다. 그들 중 절반 정도라도 우리나라의 대학원으로 왔으면 좋으련만 그렇지 못한 것이 현실이다. 미국의 명문 대학원은 세계에서 최우수 학생들만 선발하기 위해 장학제도 등을 갖추고 문을 활짝 열어 놓고 있다. 우리의 대학과 대학원이 세계 수준에 이르려면 이런 학생들을 확보하는 방안을 먼저 세워야 한다. 우리나라에서 태어난 우수한 학생들의 상당수가 외국으로 유학을 가는 풍조가 사라지지 않으면 세계 최고의 대학을 기대할 수 없다. 아울러 외국의 우수 학생을

확보하는 방안을 모색해야 한다. 세계 일류 대학과 경쟁하려면 이처럼 먼저 우수한 인적 자원을 확보하는 방안부터 준비해 두어야 한다.

오래 전에는 서울대를 졸업하고 외국 대학원에 유학 가는 서울대 졸업생들이 매우 우수하다는 평가를 받았다. 그래서 외국의 대학 교수가 서울대 관련학과 학과장에게 좋은 학생을 보내주어 고맙고, 계속 좋은 학생을 보내 달라는 편지를 보내기도 했다. 그러나 최근에는 서울대 졸업생들이 외국대학 박사과정에 입학한 후 치르는 박사학위 논문 제출 자격시험(gualifying exam)에서도 불합격하는 사례가 늘면서 요즈음 서울대 졸업생들이 예전과는 다르다는 얘기를 듣게 된다. 이처럼 학생들의 수준이 떨어지는 것이 우리나라 교육의 전반적인 문제인지는 검토해 보아야겠지만 서울대의 교육에 문제가 있음은 분명하다.

그런데 얼마 전에 만난 한 교육학 전공의 교수는 이와는 다른 이야기를 했다. 한마디로 우리나라의 교육은 잘되고 있는 편이며 다른 나라에 비해 큰 문제가 없다고 주장했다. 그 예로 우리나라 중등학교의 학업 성취도가 높고, 특허출원 건수는 세계 5위 수준이며, 교수들의 연구업적도 뛰어나다는 논거를 제기했다. 여기에 미국 오바마 대통령이 우리나라의 교육을 모범 사례로 들면서 미국이 배워야 한다는 말을 여러 번 했다는 사실을 듣기도 했다. 교육부 관련 고위 관료들과 몇차례 면담을 했는데 그들도 대체로 이와같은 긍정적 견해를 가지고 있는 것 같았다.

그러나 우리나라 교육의 전체적인 흐름을 조사해 보면 이런 몇 개의 사례로 만족해서는 안된다는 사실을 알 수 있다. 오히려 우리의 교육이 심각한 위기 상황에 있음을 인식하게 된다. 지금 우리가 가계를 파탄시킬 만큼 과도한 사교육비를 쏟아 붓고 있으나 그것이 학생들의 능력과 소질을 계발하기 위해 쓰이지 않고 단편적인 지식의 암기 공부 위주로 낭비되고 있다. 또 비교육적인 선행학습 등으로 학생들에게 숨막히는 교육 환경을 조성하여 학생들의 의욕을 꺾게 하고 막 자라나는 창의력의 싹을 꺾고 있다.

이와 함께 비정상적인 대학의 입시 제도로 인해 공교육이 제대로 작동하지 못한다는 점도 큰 문제로 대두되고 있다. 당장 우수한 학생을 뽑으려는 이기적인 각 대학의 입시 정책이 우왕좌왕하는 사이에 고등학교 교육이 파행적으로 흐르게 되고 이런 상황에서 우리의 청소년들은 친구를 사귈 시간이니 자신을 돌이켜 볼 여유조차 가지지 못한다. 따라서 그들의 인성이나 사회성 교육은 그저 시간 낭비라고 여겨진다. 우리 서울대 학생의 수준이 예전에 비해 뒤떨어지는 이유가 바로 이런 교육풍토와 무관하지 않을 것이다.

영국은 국토 면적이나 인구면에서 그렇게 큰 나라가 아니다. 그런 영국이 19세기 세계를 지배했던 원동력은 산업혁명을 통해 키워진 세계 최고 수준의 기술력이었다. 또 이런 기술력을 가지게 된 배경에는 유럽 대륙에서 박해를 받던 신교도의 대량 이주가 있었다. 그들의 우수한 기술력이 영국이 세계를 지배하게 된 힘의 원천이 되었던 것이다. 이런 사례는 인적 자원의 능력이 곧 국력임을 증명한다.

지금 여전히 세계를 지배하는 나라는 미국이라는 사실을 부정할 사람은 아무도 없다. 이런 팍스 아메리카나의 힘을 발휘하는 원천도 따지고 보면 그들이 소유한 과학기술 능력때문이다. 2차 세계대전을 거치면서 세계의 우수한 인재들이 미국으로 모여 들었고 미국에서도 외국의 우수한 인력을 받아들이는 정책을 펼쳤다. 여전히 미국의 국방, 우주항공, 화학, 생명공학 기술은 세계 최고이다. 이런 미국의 예도 결국 인적 자원의 수준에 따라 국력이 결정됨을 보여주는 좋은 사례라 하겠다.

외국에 나가보면 외국 사람들은 지난 반세기에 걸쳐 우리나라가 보여준 발전상을 보고 놀라면서 부러워한다. 원조를 받아 연명하던 나라에서 원조를 주는 나라로 변신한 대한민국에 서슴없이 엄지손가락을 세워준다. 그러나 그런 칭찬에 자족할 수는 없다. 이 시점에서 우리는 선진국으로 발돋움하는 기회를 놓치지 말아야 한다.

우리나라의 경우 지금까지는 운이 좋은 편이다. 국민의 교육적인 욕구가 높아 우수한 인재가 많이 배출되었고 또 그 인재들이 열심히 일하고 연구해서 괄목할만한 진전을 이루었다. 앞으로 한동안은 이렇게 전진하던 관성에 의해 발전을 지속해 갈것이다. 그렇다고 해서 우리가 미국이나 독일과 같은 수준의 선진국이 되리라고 장담할 수 없다. 그렇게 되기까지 우수한 인력을 계속 공급

해야 하는데 우리의 교육 여건이 그런 요구에 부응하지 못할 것 같기 때문이다.

우리나라의 경제 규모는 세계 10위권이다. 세계 경쟁력에서도 20위권이다. 그러나 교육 경쟁력은 이에 훨씬 미치지 못한다. 국가 발전을 이끌었던 우수한 인재가 계속해서 배출되지 않는다면 지금과 같은 발전의 속도를 유지하기가 어렵다. 발전의 속도가 늦추어지게 되면 선진국의 기술과 마케팅 능력을 따라가기가 쉽지 않을뿐더러 중국이나 인도 등 무섭게 내달리고 있는 후발국들에게 추월당할 가능성도 있다.

오늘의 젊은이들이 그들의 선배보다 뛰어나야만 우리나라가 선진국에 들어설 수 있다. 그러나 오늘의 교육 현실을 보면 그런 꿈을 성취하지 못할 것 같아 심히 우려된다. 오늘의 서울대 졸업생들이 과거보다 실력이 떨어지는 데다 창의적이지 못하다는 징후를 여러 군데서 발견하게 된다. 더구나 예전의 학생들보다 풍족하게 자라서인지 고난을 극복하려는 의지력이나 인내력도 눈에 띄게 약화되었음을 보게 된다.

천연자원이나 자본력이 부족한 우리나라가 성장 발전을 이루기 위해서는 먼저 우수한 인재를 계속해서 많이 배출하는 교육 시스템을 갖추어야 한다. 그저 단지 몇 개의 긍정적 사례만 보고 만족하는 순간 전진하는 발걸음이 멈출 수도 있다. 우리의 시점을 먼 미래에 고정시키고 미래에 활동할 인재를 양성하기 위해 전력해야 한다. 적어도 우리의 후예들이 선배들보다 뛰어난 능력을 갖추고

사회에 나올 수 있도록 교육 환경을 개선하고 제도를 정비하는 것
만이 우리의 살길이다.

그들은 인간과 사회를 제대로 이해 하고 있는가?

내가 잘 아는 동기나 후배 중에서 회사의 사장이나 임원급 지위를 가진 사람들의 학창시절을 돌아보면서 그들을 몇 가지로 분류해 보면 다음과 같다. 첫째 타입은 머리가 좋고 개인적인 능력이 뛰어난 유형이다. 그들은 회사의 경영 전략을 잘 짜고 무슨 일을 시켜도 효율적으로 잘 처리한다.

둘째 타입은 원만한 성격으로 여러 사람과 잘 어울리는 경우이다. 농구, 야구 등 여럿이 힘을 합쳐하는 운동을 즐기고 친구들을 폭 넓게 사귀는 친화력이 있는 인간형이다. 회사나 단체 생활에서는 학창 시절의 성적이 반영되는 경우는 없다. 그래서 학생때는 두각을 나타내지 못하지만 이런 장점이 사회에서는 큰 힘을 발휘한다.

셋째 타입은 학과 공부보다는 써클이나 동아리 활동에 비중을 두고 학창시절을 보낸 경우이다. 이런 친구는 조직을 잘 이해하고 그래서 조직 생활에 적응을 잘하여 목표를 달성하는데 탁월한 능력을 보여준다. 또 개인적인 욕구를 초월하여 자신을 희생하고 봉사하는데 익숙하다.

위의 세 가지 유형 중 그 어느 경우에도 속하지 않고 아무 특색 없는 학창 시절을 보낸 학생들은 무한 경쟁의 이 사회에서 끝까지 살아남는 경우가 드물다. 또 개인적인 능력이 뛰어나더라도 사회에 대한 적응력이 떨어지는 사람도 경쟁사회에서 도태되기 쉽다. 결국 중간에서 회사를 그만두고 나와 중년의 나이에 잘못되는 사례를 여러 번 보았다.

비교적 경쟁이 심하지 않은 대학이나 연구소도 마찬가지다. 대인 관계가 원만하지 못하고 조직에 대한 이해가 없으면 어떤 직업을 가지더라도 성공하기 어렵다. 즉 뛰어난 인재가 되어 사회에서 성공하려면 원만한 인간관계를 유지할 수 있는 너그러운 품성과 자기를 희생하여 조직에 적응할 수 있는 능력을 구비해야 한다. 즉 인간과 사회에 대한 가치관이 바르게 정립되지 않으면 뛰어난 인재가 될 수 없는 것이다.

서울대 졸업생에 대한 비판 중에는 이런 것도 있다. 서울대 졸업생은 인내력이 부족하여 회사를 다니다가 마음에 들지 않거나 어려운 일이 생기면 회사를 옮겨 버린다는 것이다. 개인적인 능력이 뛰어나고 학벌이 좋기 때문에 쉽게 옮길 수 있다는 것이다. 거기에 비하면 다른 대학 출신들은 상사와의 관계가 나쁘거나 근무 여건이 좋지 않아도 묵묵히 참고 일한다고 한다. 물론 이런 사례도 서울대 졸업생 일반에게 적용하기는 어려울 것이다. 그렇더라도 우리는 이런 평판에서 벗어나려는 노력을 해야 한다.

그래서 나는 회사에 취직하려는 졸업생들에게 이런 조언을 한다. "업무가 마음에 들지 않거나, 상사나 동료와의 관계가 나쁘다고 해도 회사를 그만두지 말고 해결하는 방안을 찾아라. 상사나 동료에게 솔직하게 털어 놓거나 사정을 알리도록 해라. 너의 고통을 인간적으로 호소하면 의외로 쉽게 해결될 수도 있다. 아니면 스스로 그 어려움을 극복해라. 그러면 그만큼 강인해진 자신을 발견할 수 있게 된다. 이 회사에서 어려움을 이겨내지 못하면 다른 회사에 가더라도 마찬가지로 똑같은 일을 겪게 될 것이다."

모든 인간이 한 분야의 전문가로만 교육받아 자기가 배운 지식 외에 아무 것도 모르고 주위 사람들과 원만하게 지내지도 못하고 조직사회에 적응하지 못한다면 이 사회는 어떻게 될까? 아마도 갈등과 분쟁이 끊임없이 이어져 사회는 혼란에 빠지고 밀 것이다. 그것을 통합하거나 조정해 사회의 균형을 잡아주는 통합적인 지식을 지니고 원만한 성품을 가진 인재가 필요한 이유가 바로 여기에 있다.

우수한 두뇌를 가지고 있고 개인적인 능력이 뛰어나다고 하더라도 그 능력을 바르게 쓰지 못한다면 차라리 그것이 없느니만 못하다. 즉 예리한 칼이 있더라도 어떤 용도에 따라 쓰느냐에 따라 사회에 이익이 되기도 하고 해를 끼치기도 한다. 막대한 자금과 노력을 들여 개발한 신기술을 외국으로 빼돌려 개인의 이익과 출세를 꾀하려는 연구원들이 있다는 신문기사를 접하면 학생을 가르치는 교수로서 너무나 가슴이 아프다.

교육을 통해 인간과 사회에 대한 이해를 키우는 방법에는 여러 가지가 있다. 먼저 어릴 때부터 친구들과 어울릴 기회를 많이 주어서 친교를 맺고 조정하는 방법을 배우게 해야 한다. 동료들과 어울리면서 협력과 경쟁과 화해와 공존하는 방법을 스스로 터득할 수 있게 해야 한다. 또 운동을 하거나 건전한 써클 활동을 하도록 장려해야 한다. 그런데 부모들은 자녀들에게 이런 시간을 빼앗아서 단편적인 지식 암기에 매달리게 하는데 크게 잘못된 교육 방법이다.

다음으로 스스로 독서를 하는 습관이 들도록 지도해야 한다. 지식 정보화 시대에 우리는 그것을 대부분 독서를 통해 습득한다. 그런데 지적 수준이 비슷한 사람들에게 똑같이 시간을 주고 같은 책을 읽게 해도 습득하는 지식의 양과 수준은 각기 다르다. 독서 습관이 들지 않은 사람은 그저 단편적인 지식만을 습득하겠지만 꾸준히 독서하다 보면 독서 내용을 구조화하는 능력이 생기고 나아가서는 새로운 지식을 창출하는 고차원의 능력까지 갖출 수 있게 된다.

책을 통해 지식만을 습득할 것이 아니라 삶의 방법을 가르쳐 주는 인생의 멘토를 만나게 해 주어야 한다. 뛰어난 업적을 가진 정치가, 사업가, 과학자 등의 삶을 따라 배우도록 하면서 어려운 환경을 극복할 수 있는 지혜와 정신력을 배울 수 있도록 해야 한다. 친구들과 어울려 놀면서 배우는 것에는 한계가 있지만 독서를 통해 배울 수 있는 것은 무한하다. 어려서 읽은 한 권의 위인전이 한 사람의 인생을 결정하는 사례를 우리는 주위에서 흔히 볼 수 있다.

그리고 마지막으로 봉사를 통해 인간과 사회에 대해 더 깊은 이해를 할 기회를 주어야 한다. 사회에 무엇을 베풀기 위해 봉사를 한다고 우리는 생각한다. 그러나 봉사를 한 사람들은 이구동성으로 그 일을 통해 자기가 더 많이 배웠다고 말한다. 그 말은 사실이다. 우리는 봉사를 통해 어려운 이웃을 만나게 되고, 그들을 위해 내가 무엇을 할 것인가에 대해 생각하다가 진정한 휴머니즘을 배우게 된다. 그리고 사회 발전을 위해 일하는 기쁨과 보람을 찾을 수 있게 된다.

이처럼 인간과 사회에 대한 깊은 이해를 가지게 될 때 진정한 리더가 될 자격을 가지게 된다. 사람들은 서울대 졸업생이 이 사회의 리더가 되어 주기를 은근히 기대하고 있다. 그들이야말로 우리나라에서 가장 뛰어난 인재라고 믿기 때문이다. 그렇다면 리더십 함양을 개인에게만 맡길 것이 아니라 대학이 나서서 적극적인 역할을 해주어야 할 것이다. 미국의 예일대학이 학생들의 리더십을 쌓을 수 있도록 하기 위해 단체훈련이나 동아리 활동을 적극 지원하고 있는 데는 이런 이유가 있다. 서울대 졸업생들이 유능하기는 하지만 조직에 적응하지 못한다거나 리더십이 부족하다는 말이 이제 더 이상 들리지 않도록 하기 위해서는 전공과목 외에 리더십을 키우기 위한 조직적인 학습과 훈련의 기회를 제공해야 한다.

우리가 서울대 인재들에게 바라는 또 하나의 요구가 있다면 조국과 민족을 생각하는 큰 비전을 가지라는 것이다. 그래야 서울대 졸업생들을 이기적인 습성을 가진 집단쯤으로 치부하는 서울대 폐지론자들의 입을 막을 수 있다. 대한민국을 대표하는 대학의 졸업생으로 올바른 국가관을 가지고, 국가 발전에 이바지하는 것은 당연한 일이다. 서울대를 졸업했다면 그 만큼 국가에서 준 혜택을 입은 셈이므로 이제 그 혜택을 사회에 되돌려 주어야 한다는 사명감을 가져야 한다.

대학교 도서관은 고시원처럼 변해 버렸다. 인문사회계열 학생 중의 상당수가 전공 분야는 외면하고 고시 공부에만 매달리고 있다. 그들에게는 고시에 합격하는 것만이 지상과제이다. 이런 유능한 인재들의 노력이 여러 학문의 연구에 투입된다면 우리가 선진국으로 나아가는데 큰 도움이 될 텐데 하는 안타까운 마음으로 이런 현상을 지켜보게 된다. 한시라도 빨리 대학 도서관이 학문의 요람으로, 인류가 쌓은 지식의 보고로 되돌아 오기를 기원한다.

이런 현상은 이공계 대학이라고 예외일 수는 없다. 이공계의 우수한 인재들이 의예과로만 몰리는 것을 보면서 기초과학이나 산업의 발전은 누구에게 기대해야 하는가 하는 우려로 잠을 편히 이룰 수가 없다. 이공계 기피 현상으로 우수한 학생들이 줄어들고 있는 형국에 다시 이런 현상이 겹치게 되면 과학기술의 능력이 국력이 되는 이 시대에 우리가 어떻게 살아남을 수 있겠는가. 서울대 졸업생들이 진정으로 국가와 민족을 생각한다면 개인의 이익보다 국가가 필요로 하는 일을 기쁜 마음으로 감당할 수 있어야 한다. 그것이 국가가 국립대학을 세워 베풀어준 은혜에 보답하는 길이다.

인간과 사회에 대해 바르게 이해하지 못하고 진정한 리더십을 가지지 못한 것을 학생 개인의 탓으로 돌릴 수는 없다. 그것은 이 시대의 편향된 사회적인 인식이나 가치관의 문제이며 교육 제도의 결함 때문이라고 보아야 한다. 우리 학생들이 이기적인 습성에서 벗어나 이웃과 사회를 따뜻한 시선으로 돌아보며 진지하게 사회 문제를 고민하고 국가와 인류를 위해 봉사하고, 신정한 리더로서의 자격을 갖추도록 도와주는 것이 대학의 역할이다.

이제 대학에서도 전문 교과 성적으로만 학생들을 평가하는 관행에서 벗어나야 한다. 인성이나 전인 교육을 중고등학교에서만 강조할 것이 아니라 대학에서도 지속시켜야 한다. 그러기 위해서는 그에 상응하는 커리큘럼을 짜고, 그 과정을 이수해야 소정의 학점을 취득할 수 있는 제도를 갖추어야 한다. 교양 과정을 강화한답시고 교양과목과 이수 학점만 늘이는 형식적인 조치만으로는 부족하다. 지식인이 아니라 인간 그 자체를 키우고 평가할 수 있도록 하겠다는 발상의 전환이 필요하다.

과연 그들은 행복한가?

먼저 교수와의 면접을 통해 들어온 서울대 학생들의 고민 몇 가지를 소개하겠다.

"의욕도 없고 집중력이 떨어져서 공부하기가 점차 어려워지고 밤에도 깊은 잠을 자지 못해 낮에는 수시로 졸릴 때가 많다. 머릿속이 개운하지 못해 늘 뿌연 것 같고 생각하는 능력도 많이 떨어진다. 공부와 취업 또는 이성 문제들로 가득 차 머릿속은 늘 복잡하기만 한데 도무지 뚜렷한 해결책이 보이지 않는다."

"여러 사람을 대하게 되는 상황에서 매우 긴장이 된다. 모르는 사람과 만날 때면 신경이 날카로워지고 가슴이 마구 뛰며 손에는 땀이 난다. 어처구니 없는 실수나 바보 같은 말을 해서 상대방이 비웃지나 않을까 걱정된다."

대표적인 사례를 열거해 보았는데 이와 같은 정신적인 불안감과 공포증을 호소하는 학생들이 과거에 비해 현저하게 늘어나고 있다. 이런 정신적인 고뇌가 깊어지면서 조울증이나 우울증으로 변하게 되고 극단적인 자살을 선택하는 일도 발생한다, 이따금 명문대학에 다니는 학생이 자살하여 세간의 화제가 되는 일이 있는데 이런 얘기가 결코 남의 일만은 아닐 것이다.

극심한 경쟁을 뚫고 서울대학에 들어온 젊은이들이 성취감이나 행복감에 젖기보다 이처럼 절망과 불안에 떨고 있는 이유가 무엇인지 한번 곰곰이 되짚어보자. 그러기 위해서 좋은 대학에 진학하려는 고등학생의 일과를 재구성해 보도록 하겠다. 그들은 아침부터 밤늦게까지 학교와 학원을 오가며 오로지 공부에 매달린다. 어떤 학생들은 일 년 내내 감기 증세에 시달리고 배탈이 나는 등 육체가 이런 환경에 적응하지 못한다고 한다. 그것은 어쩌면 어른들이 강요하는 공부에 대한 소극적인 저항일지도 모른다. 이렇게 수동적인 학습에 길들여진 학생들에게서 창의성을 기대하기란 연목구어인 셈이다. 또 그렇게 공부하여 요행이 서울대에 합격했다고 해서 과연 그들의 인생이 행복하다고 할 수 있을까.

요즈음 어린 학생들의 일과를 보면 그들의 나이에 어울리는 교육 과정보다 2, 3년씩 앞당겨 공부하도록 강요되어 조금도 쉴 틈이 없다. 외국어나 과학 고등학교에 입학하기 위해 영재 교육을 받는다는 미명하에 무리한 선행학습을 한다. 그렇게 되면서 학교보다는 학원을 신뢰하게 되었고 학교에서의 정상적인 수업과 활동을 등한시하게 된다. 이처럼 주객이 전도된 비정상적인 상황을 당연한 것으로 여기는 세태가 조성되었다. 이런 교육 분위기 속에서 바람직한 인격체를 키워낼 수는 없다. 학원에서 밤늦게까지 공부하도록 강요받아 자유로이 놀거나 친구를 사귈 시간이 없는 상태에서 인성이나 사회성을 키울 방도는 없다. 또 동료들과 어울리지도 못하고 홀로 공부만 해온 학생들에게서 리더십을 기대하기도 어렵다.

이렇게 중학교 교육을 마치고 고등학교에 가게 되면 저마다 의사나 변호사가 되도록 부모들로부터 세뇌 교육의 세례를 받게 된다. 미래를 내다보지 못하는 어리석은 학부모들은 미래를 살아갈 자녀들에게 자기들의 현실적인 가치관을 받아들이도록 강요한다. 이렇게 세뇌당한 아이는 자신의 능력이나 재능은 돌아볼 겨를도 없이 부모들이 준비해둔 길을 묵묵히 따라가는 것이 최선이라고 여긴다. 이렇게 대부분의 몰지각한 어른들은 자녀들을 불행의 골짜기로 몰아 넣으면서 그것이 부모의 역할이라고 착각하고 있다.

이런 잘못된 사회 풍조로 인해 가장 뛰어난 인재들을 법조계나 의료계통으로만 쏠리게 한다, 아마도 이런 분위기가 더 지속된다면 우리나라의 균형 발전은 기대할 수 없게 될 것이다. 어떻게 천편일률적으로 모든 학생들이 다 똑같이 의사나 판검사의 재능과 적성을 가졌다고 볼 수 있겠는가. 그리고 그 길로 간 모든 학생들이 성공적인 삶을 살고 행복하다고 말할 수 있을까. 물론 적성에 맞는 극소수의 학생들은 그럴지도 모르겠지만 대다수의 학생들은 오히려 위에서 본 사례와 같이 자신이 불행하다고 생각하게 될 것이다.

저마다 각기 다른 소질과 재능을 개발하고 실현하는 데서 진정한 행복을 맛볼 수 있을 것이다. 예술적인 재능을 가진 자녀에게 법관이 되기를 강요한다거나 과학 기술자가 되려는 의지를 가진 제자에게 의사가 되기를 주문한다면 우리는 우리의 자녀나 제자에게서 헌법에 보장된 행복추구의 권리를 빼앗아 버리는 것이다. 우리는 우리의 자녀의 인생을 설계하는 데서 한 발 뒤로 물러서야 한다. 조금 늦어지더라도 그들이 스스로 자신의 인생을 설계하도록 여유있게 지켜보아야 한다.

오늘날의 부모들은 우리 세대의 부모들보다 아이들에게 더 많은 관심을 가지고 돈과 시간을 쓰고 있지만 그 자녀들을 행복하게 해주지는 못하고 있다. 오히려 자신들의 현실적인 가치관을 주입하여 그들의 꿈을 빼앗아 버린다. 또 물질적인 가치와 이기주의에 순수한 아이들을 오염시켜 자녀들이 진정한 자아와 개성을 찾지 못하도록 방해하고 있다. 그것은 아이들의 인생을 목적적 가치로 보지 않고 자기들의 인생을 연장하려는 수단적인 가치로 보기 때문이다.

이제 부모들은 자신의 욕망이나 가치관에서 자녀들의 인생을 해방시켜 주어야 한다. 내 아이가 진정으로 원하는 것이 무엇이며 어떻게 하는 것이 자녀를 행복하게 해주는 것인가를 생각해야 한다. 그런데 대다수의 부모들이 자신의 행복을 추구하기 위해 자녀들의 인생을 담보로 잡으려 한다. 이제 우리의 아이들이 행복할 때 우리도 행복해진다고 인식되도록 발상의 전환을 해야 한다. 부모로서 사랑을 베풀되 스스로 자기의 길을 찾을 때까지 인내하며 기다려 주어야 한다.

나의 친구 중에 자녀 문제로 고민하는 사람이 있다. 그의 아들이 번듯한 회사에 취직할 생각은 하지 않고 인권이니 환경이니 떠들면서 NGO 활동에만 매진한다는 것이다. 나이가 삼십이 넘었는데 겨우 최저 임금 수준의 보수를 받으면서 이런 일에 매달리니 언제 결혼을 하고 집을 장만하겠냐고 하소연한다. 그의 말을 듣고 나는 되물었다. 그 아들을 행복하게 해주는 방법이 무엇이냐고. 나는 그 아들을 그냥 그대로 내버려 두는 것이 곧 당신의 행복이 되어야 한다고 설득했다. 영어로 말하면 'Let it be'가 가장 바람직한 처방이라고. 왜냐하면 인간은 하고 싶은 일을 할 때가 가장 행복한 것이기 때문이다.

자기가 일하는 분야에서 만족감을 가지고 최선을 다해 일하는 사람이 뛰어난 인재라 할 수 있다. 거기서 꼭 공부를 잘해야 한다는 원칙은 없다. 공부를 잘하는 학생은 학자의 길을 가면 된다. 공부에 흥미나 소질이 없는 학생에게 무리하게 과외를 시켜 좋은 대학에 진학시키고 학자가 되는 길을 강요한다면 이는 크게 잘못된 것이다. 그러다가 잠재되어 있는 능력조차 발휘할 기회를 없앴다면 우리는 돈과 노력을 들여 자녀의 인생을 그릇되게 만들 뿐이다. 이렇게 자녀의 행복을 빼앗아서는 그 부모도 결코 행복할 수가 없다.

우리가 가난 했던 시절에는 물질적인 풍요가 인간의 행복을 증진시켜 준다고 믿었다. 그러나 한 나라의 경제 수준이 국민들의 행복지수와 비례되어 나타나는 것이 아니라는 사실이 밝혀졌다. 예컨대 부탄이라는 나라는 세계에서 가장 가난한 나라에 속하지만 국민들이 체감하는 행복지수는 세계에서 가장 높다고 한다. 이렇듯 국민의 행복지수는 국가의 GDP에 의해 결정되는 것은 아니다. 이와 마찬가지로 한 인간의 행복이 그의 월급액수와 비례된다고 볼 수는 없다.

서울대 학생의 경우 졸업을 앞두고 진로를 결정할 때 우선적으로 꼽는 것이 공무원이나 대기업 또는 외국기업이다. 그리고 공부를 계속하기 위해 대학원에 진학하는 학생도 있다. 만약 여기에 해당하지 못하게 되면 놀면 놀았지 중소기업에 가거나 창업을 시도하려는 학생은 거의 없다. 대기업에 취직했더라도 서울 본사에서 근무하기를 고집하여 지방으로 발령이 나면 어렵게 들어간 회사에서 미련없이 사표를 던지는 학생도 있다.

미국의 경우 학생들은 꼭 대기업만 가려고 하지는 않는다. 전문화된 중소기업에 가더라도 대기업 못지않은 보수를 받을뿐더러 자유로운 분위기 속에서 성장하고 발전하는데 유리하다고 판단하기 때문이다. 즉 회사를 선택하면서 먼 장래를 내다보거나 자신의 발전 가능성을 먼저 따진다. 지금 조금 고생을 더 하더라도 나중에 더욱 잘 될 수 있는 직장을 고르는 것이다.

학생들의 취업에 관련된 진로 상담을 하게 되면 발전 가능성이 높은 중소기업을 추천하기도 하지만 학생들은 귀담아 듣지 않는다. 또 제조업에 취업하는 경우 현장 감각이 필요하므로 몇 년 동안은 공장이 있는 지방에서 근무하는 것이 장래에 큰 도움이 될 것이라고 설득하지만 이 말에 수긍하는 학생은 흔치 않다. 그들은 지금 당장 편하고 보수가 높은 직장을 고르려 하기 때문에 먼 장래를 내다보라는 나의 충고를 공염불처럼 여긴다.

현실적으로 보면 대기업에 취직하는 것이 훨씬 좋아 보이기도 한다. 상대적으로 중소기업은 보수가 낮고 근무조건이 열악하기 때문이다. 그러나 중소기업에 취직한 학생들이 크게 성공한 경우가 더 많다. 대기업의 경우 대다수가 정년 이전에 탈락하는데 대부분 부장에서 이사 진급을 앞두고 또는 이사직을 몇 년간 수행하다가 퇴직한다. 그 때의 나이가 오십대 중반이거나 빠르면 사십대 후반인데 이렇게 일찍 일선에서 물러나면 크게 성공할 기회를 잃고 만다. 또 대기업에 다니는 동안 빈틈없는 조직의 무한경쟁 분위기 등으로 직장생활에 회의를 느끼는 경우도 많다. 즉 일류대학을 나와 대기업에 취직한다고 해서 행복한 삶이 보장되는 것은 아니다.

상담하러 온 학생들에게 굳이 대기업을 가려는 이유가 무엇이냐고 물으면 엉뚱한 대답이 나오는 경우도 있다. 중소기업은 회사 건물도 허름하고 식당이나 화장실도 불결해 보인다는 것이다. 심지어 어느 회사에 다니느냐 하는 것이 결혼 전선에서 배우자를 결정하는 잣대가 된다고 말하는 학생도 있다.

그런데 사실 직장을 결정할 때 가장 기본적인 고려사항은 대기업이냐, 중소기업이냐가 아니라 그 일에 흥미와 열정을 느낄 수 있느냐 하는 것이다. 그 다음에 자신이 장차 얼마나 발전할 수 있느냐 하는 장기적인 안목으로 계산해 보는 것이다. 이렇게 근본적인 것을 따지지 않고 당장의 월급 수준이나 화장실의 청결 문제를 따지는 근시안적인 선택은 젊은이로서의 패기가 느껴지지 않는 태도이다. 그리고 무엇보다도 그 곳에서 그 일을 하는 내가 행복할 수 있느냐 하는 관점에서 살펴보아야 한다.

다음으로 나는 학생들에게 과감히 창업에 도전해 보라고 권고한다. 젊음의 특권은 도전을 통해 적극적인 행복을 추구하는데 있다. 즉 행복은 누가 가져다주는 것이 아니라 내 스스로 피땀을 흘려 쟁취하는 것이다. 나는 우리나라의 젊은이들 중에도 빌 · 게이츠나 마크 · 저커버그가 얼마든지 나올 수 있다고 믿는다. 물론 창업에 도전하여 성공하기 보다는 실패할 확률이 훨씬 높다. 그러나 실패해도 다시 일어서겠다는 칠전팔기의 패기있는 정신이 없는 청춘은 나이 젊은 노인에 불과하다. 벤처 정신을 가지고 도전하는 젊은이가 많아질수록 우리의 미래는 밝다. 혁신을 기반으로 한 창업은 새로운 일자리를 창출하여 우리의 경제에 활력을 주기 때문이다.

교·육·이·바·로·서·야·우·리·가·산·다

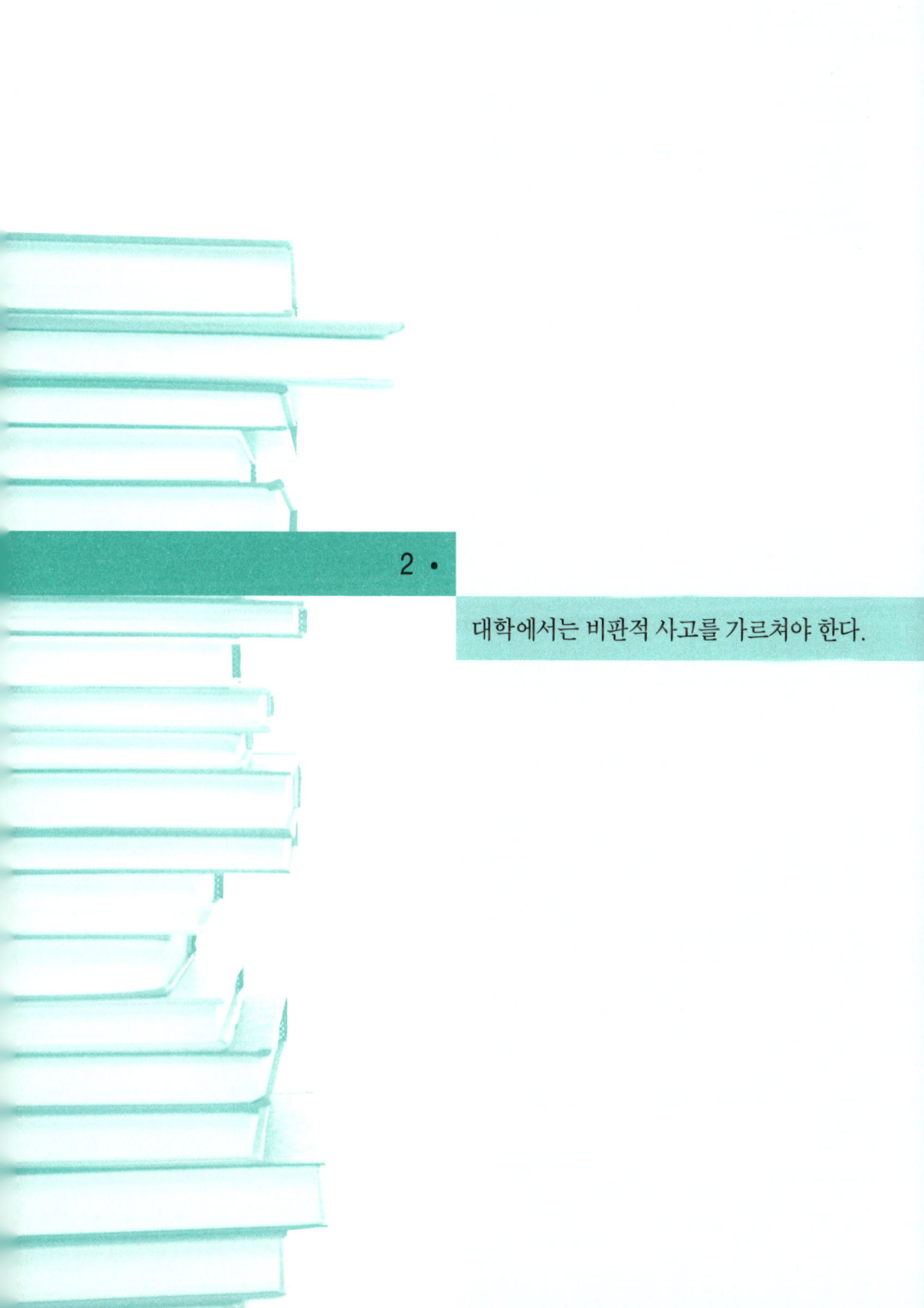

2 •

대학에서는 비판적 사고를 가르쳐야 한다.

교양 교육은 교양 강좌가 아니다.

대학이 추구하는 기본적 목표는 진리탐구이다. 또 이렇게 얻은 진리를 활용하여 국가와 사회의 발전에 기여할 수 있는 인재를 양성해야 한다. 이처럼 대학은 진리탐구라는 고전적 의미의 이념과 국가와 사회에 기여할 인재를 양성하는 실용적 목표라는 두 개의 축이 조화를 이루어야 한다. 이 두 기능이 조화를 이루어야 대학의 존립 가치가 있다. 따라서 교양 교육을 강화하여 진리를 탐구하는 대학 본연의 연구기능을 강화할 필요가 있다.

교양 교육(liberal arts)이라는 개념속에는 자유인(free man)에게 합당한 학문이라는 의미가 내포되어 있다. 중세시대에는 문법, 수사, 논리, 기하, 산수, 음악, 천문 등 일곱가지 과목을 교양 교육에 포함시켰는데 지금으로 보면 문학, 역사, 언어, 철학, 수학, 과학, 예술이 여기에 해당될 것이다. 전문분야의 학문이 세분화되지 않았던 당시로 보면 모든 과목을 다 망라한셈이고, 여기에 포함되지 않은 것은 의학, 법학 등 직업과 관련된 일부 학문이었는데 오늘날의 전공 과목에 해당하는 것이다. 그렇다면 중세시대만 해도 교양 교육을 철저히 받았음을 알 수 있다.

얼마전에 읽은 책 중에 「도쿄대생은 바보가 되었는가」(다치바나 다카시 지음)라는 것이 있다. 도쿄대는 일본 최고의 대학이다. 그래서 도쿄대 구성원들은 그 학교 졸업생의 실력이 곧 일본의 미래와 직결된다는 자부심을 가지고 있었다. 그런데 이 책에서 저자는 도쿄대생이 바보가 되었다고 비판하여 일본 국민을 경악하게 만들었다. 1977년 이후 최근까지 진행된 소위 '유도리 교육'이라는 잘못된 교육 정책으로 일본 학생의 학력 수준이 전반적으로 저하되었음을 지적하며 그것이 곧 일본의 미래를 어둡게 할 것이라고 내다보았다. 그렇다면 이런 교육의 위기가 일본만의 문제일까? 도쿄대가 위기에 처해있다고 하는데 과연 서울대는 안전할까?

미국 명문대의 하나인 스탠포드 대학에는 비판적 사고(Clitical Thinking)라는 8학점짜리 교양 과목이 있다. 학생들은 이 과목에서 인간이 무엇인지, 행복이 무엇인지 과학과 예술의 가치가 무엇인지와 같은 본질적 질문에 대한 해답을 찾으려 한다. 또 현대 사회의 문제점이나 바람직한 가치관 등의 질문에 답하기 위해 격렬한 토론을 벌인다. 이처럼 인간과 사회의 근본 문제를 탐구하면서 교과서에는 나오지 않는 자기만의 답변을 준비하게 된다. 이런 과정을 통해 사고의 폭이 넓어지고 창의력이 신장된다. 바로 이렇게 자기만의 논리를 확립하면서 자연스럽게 비판적 사고에 익숙해지게 되는 것이다. 그리고 그렇게 익힌 사고가 창의력의 원천이 된다.

우리나라의 대학에서도 교양 과목이 없는 것은 아니다. 흔히 신입생이나 저학년 컬리큘럼에 양념처럼 몇 개의 과목을 개설해 놓고 교양 과정이라는 이름을 붙인다. 이 명칭에서 교양이라는 용어가 언제 누구에 의해서 사용되었는지 모르겠으나 교양 교육을 통해 비판적 사고를 배우고 창의력을 배양해야 하는데 이렇게 형식적으로 가르쳐서는 안된다.

교양 교육은 영어로는 general education, humanities education 또는 liberal education이라는 용어를 쓴다. 나는 그 중 liberal education이라는 표현을 선호한다. 거기에는 기존의 고정화된 가치관에 얽매이지 않는 교육, 또는 자유롭게 사고 할 수 있게 해주는 교육이라는 뜻이 내포되어 있기 때문이다. 대학에서 전공 교육을 제외한 일반 교육이나 교양 교육은 지성인으로서 갖추어야 할 기본적인 자세를 배우는 것이다.

서울대학교에서도 교양 강좌가 많이 개설되어 있다. 그러나 교수들의 일방적 강의를 수동적으로 청강하는 형식이다. 대부분 스탠포드 대학의 'Critical Thinking' 과 같이 스스로 논리를 세우거나 가치를 부여하는 과목은 많이 보이지 않는다. 또 인간과 사회의 근본적이고 본질적인 문제에 접근하여 깊은 사고를 할 수 있도록 해주거나 다른 분야의 과목을 통섭하여 새로운 주제를 이끌어내는 과목도 찾아보기는 어렵다.

아직도 우리 대학에는 단순히 지식만을 전달하는 교양 강좌 수준의 강의가 여전히 많이 남아 있다. 하지만 진정한 교양 교육은 축적된 지식만을 전수하는 것으로 그쳐서는 안 된다. 이미 가지고 있는 지식이나 경험만으로는 새롭게 발생하는 문제를 해결할 수 없다. 우리가 현실에서 부딪치는 문제들은 또 다른 부문의 문제들과 실타래처럼 얽혀있어 문제를 파악하고 풀어가는 해결 방법을 새롭게 모색해야 한다. 또 유사한 유형의 문제라도 시대나 환경에 따라 그 답이 다르게 나오게 마련이다. 그때 필요한 것이 비판적 사고인데 이런 능력을 교양 교육 과정에서 가르쳐야 한다.

오래전에 서울대의 교양 교육을 발전시키기 위해 소위원회를 구성하여 여러 가지 방안을 논의한 적이 있었다. 첫째, 서울대 구성원 중 누가 교양 교육을 맡아야 하는지에 대한 문제가 제기되었다. 학장은 행정적인 업무로 바빠서 시간이 부족하고 교무처도 할 일이 너무 많아 어려우니 새로 전담부서를 만들어야 한다는 의견이 나왔다. 그때 기초교육원이 탄생되었고 거기서 관련 예산의 집행권을 가지고 교육 내용이나 방법 등을 정하기로 했다. 둘째, 대학 내의 수많은 교양 과목의 강의의 수준을 단시간 내에 끌어올리기는 어려우니 주요 과목을 핵심 교양 과목으로 선정하고 이것부터 점진적으로 개선해 나가자는 의견이 나와 이를 수용하였다.

이렇게 노력을 하고 있지만 서울대학교의 교양 교육이 소기의 목적을 달성하고 있다고 믿는 교수는 없을 것이다. 또 이런 과제는 획기적인 방법으로 하루 아침에 해결할 수는 없다. 꾸준히 관심을 가지고 노력하면서 개선의 방향을 찾아 나아가야 한다. 시행착오를 겪는 한이 있어도 현실에 안주하지 말고 변화를 추구해야 한다.

서울대 졸업생 중에는 훌륭하고 존경할 만한 인물이 많다. 그러나 서울대 출신이라는 이유만으로 유난히 비난을 더 많이 받는 경우도 있다. 그 중에는 특히 권력의 시녀 노릇을 많이 했다는 비판을 자주 듣는다. 사회적으로 어느 정도의 위치에 오르면 정치나 권력과는 무관하게 지낼 수 없는 것이 현실이다. 그렇다고는 해도 지식인이라는 탈을 쓰고 독재자의 시녀 노릇을 했다면 비난을 받는 것은 당연하다. 과거 군사독재 정권에 저항하느라 피를 흘리고 희생당한 선배들도 있기는 하지만 일부 교수들과 졸업생들이 독재정권의 하수인 노릇을 했던 것도 부인할 수 없다.

서울대학을 나왔다면 지식인의 자격을 갖추었다고 볼 수 있다. 그러나 그들이 모두 지성인이 되는 것은 아니다. 머리로 받아들인 지식을 몸으로 실천할 수 있을 때 지성인이 되는 것이다. 즉 교양 교육의 최종 목표는 지성인을 만드는데 있다 하겠다. 우리 서울대에서 진정한 교양 교육이 이루어진다면 서울대 졸업생들은 이 사회에서 언제 어디서나 환영받는 인재가 될 것이다.

전공 교육은 지식 전달 교육이 아니다.

서울대 교육 관련 통계 자료에 의하면 학생들이 대학에서 배운 것 중 가장 많이 향상 되었나고 생각하는 분야는 "희망하는 직업관련 전문지식"과 "전공 관련 지식, 기능, 안목"이 라는 항목이다. 반면 "창의력 및 문제 해결력"과 "영어 독해 능력"은 향상 정도가 매우 낮은 것으로 나와 있다. 여기서 "전공 관련 지식"은 교재에 나와 있는 내용을 습득하는 것이고 "창의력 및 문제 해결력"이 새로운 이론이나 가치를 확립하는 것이라면 후자의 항목이 더욱 고차원의 능력이라 할 수 있다. 이제 서울대학의 교육도 학생들에게 창의력과 문제 해결력을 키워주는 방향으로 나아가야 한다.

예전에는 전공 관련 지식만 충실히 쌓으면 전문가나 학자로서의 권위를 인정받았다. 그러나 요즈음의 학문 연구 추세는 타 분야의 학문과의 융합을 통해 새로운 패러다임의 세계를 개척하는 방향으로 나아가고 있다. 어느 교수는 과거식의 산업화 시대는 가고 기술 융합의 시대가 열렸다고 공언했다. 오늘날 세상을 변화시킨 상품이나 서비스는 단순히 기술발전으로만 산출된 것이 아니라며 스티브 잡스의 애플을 그 예로 들었다. 하이테크 기술에 인간적인 감성과 예술적인 감동을 합칠 때 세계 최고의 제품이 탄생한다는 것이다.

과거 산업화시대에는 근면하고 성실한 인재를 필요로 했다. 그러나 이제 정보화 시대에 들어서면서 필요로 하는 인재는 창의적 개성을 지닌 유형일수 밖에 없다. 그리고 그 창의적 세계는 각 학문간의 융합을 통해 새롭게 열리는 것이다. 이런 시점에서 대학은 어떻게 새로운 시각과 관점으로 사물을 보거나 해석할 수 있는지 학생들에게 가르쳐야 한다. 교수는 자기가 전공한 학문만을 고집할 것이 아니라 학문간의 장벽을 부수고 서로 소통하는 방법을 연구해야 한다.

대학에서의 수업 형태 역시 중고교의 그것과 별반 다를 바가 없다. 대부분 일정한 교재를 정해놓고 그것을 기준으로 강의가 진행된다. 학문이 눈부시게 발전하여 계속 새로운 이론이 도입되고 지식이 소개됨에 따라 교재는 점점 더 두꺼워진다. 10년전 500쪽 분량의 교재가 이제는 1000쪽이 넘는 경우도 있다. 전공 과목을 담당한 어느 교수는 교재 내용이 전에는 한 학기에 강의할 수 있는 분량이었으나 이제는 너무나 시간이 부족하게 되었다고 한탄한다. 정해진 시간에 많은 내용을 가르치고자 하는 교수의 열정은 인정해 주어야 한다. 그러나 강의 시간을 무작정 늘린다고 해서 이런 문제가 해결되는 것은 아니다. 어떻게 이 문제를 해결할 것인지 생각해 보자.

오래 전에 초등학교 학생이 가정에 배달되는 학습지로 공부하는 장면을 본 적이 있었다. 수학 시험지였는데 더하기와 빼기를 가르친다며 몇 날 몇 일을 그런 유형의 문제만을 풀도록 했다. 왜 그렇게 해야 하는지 설명도 하지 않고 단지 기계적으로 반복 훈련만 시켰다. 아이는 생각할 기회를 얻지 못하고 숙련된 기계처럼 문제를 풀기만 했다. 과연 이 아이는 이런 학습에 흥미를 느끼게 될까. 학생들 스스로 생각하고 정리하는 시간을 주는 것이 최선의 교육 방법이다. 기계적으로 반복 훈련을 시키는 것은 올바른 교육이 아니다.

내가 가르치는 생물학 분야를 대부분 학생들은 암기 과목쯤으로 생각하는 경향이 있다. 하지만 이 분야는 생각할 것이 밑도 끝도 없이 많은 과목이다. 생물은 물리, 화학, 수학과 연계되어 있을 뿐만 아니라 사회과학과도 긴밀하게 연결되어 있다. 예컨대 그 시대에 왜 그런 연구가 이루어졌는지에 대해 알기 위해서는 그 시대적 배경을 먼저 이해해야만 한다. 그 밖에도 생물체의 특성이 왜 그러한지, 이 특성을 어디에 활용할 수 있는지 등을 생각해 보지 않고 생물체의 특성만을 공부한다면 온전한 공부라고 말할 수 없다.

내가 강의하는 과목 중 '공학 생물'에서 이처럼 생각하는 시간을 가져 보려고 시도했다. 학기 초 강의를 시작하면서 나는 반드시 이런 얘기를 해준다. 지금까지 인류가 쌓아놓은 지식을 다 배울 수는 없지만 학문하는 방법만은 확실히 배워두라고 당부한다. 이어서 과학적인 사고 방식과 논리적인 접근 과정 등을 익히는 것이 중요하다고 강조한다. 강의를 하면서도 교재에 나와 있는 사실적 지식보다 그런 연구를 하게 된 동기나 배경, 응용 가능성과 한계 또는 타 학문과의 연계 등에 중점을 두고 강의했다. 학기가 끝나면서 학생들의 강의 소감을 들었는데 생물이 생각하는 과목이라는 사실을 알았고 또 어떻게 생각을 전개해야 하는지 배울 수 있어서 유익했다는 소감이 많았다. 이럴 때 교수로서 뿌듯한 행복을 맛볼 수 있었다.

한국연구재단은 학자들의 연구 역량을 높이고 뛰어난 연구 성과를 얻기 위해 많은 예산을 들여 꾸준히 노력하고 있다. 그러나 순수하게 교육과정을 연구하거나 새로운 교육방법을 개발하는데 쓰는 비용은 2010년 기준으로 10~20억원에 불과하다. 그래서 그곳의 고위직 인사에게 그런 예산이 부족하다고 했더니 BK(Brain Korea)21 사업, WCU(World Class University) 사업이 모두 교육 관련 사업이 아니겠냐고 반문했다. 그것이 맞는 말이기는 하지만 그 예산이 대학에서 무엇을, 어떻게 가르칠 것인지 평가, 분석하고 발전적 대안을 탐구하는데 쓰이는 것은 아니다. 미국의 과학재단 NSF가 공학교육의 방법과 내용을 개선하기 위해 공학교육 연합(Engineering Education Coalition) 이라는 사업에 매년 수천만 달러를 썼다. 거기에 비하면 우리는 너무나 적은 예산을 사용하고 있는데 그것은 이 과제가 우리의 관심에서 벗어나 있기 때문일 것이라고 생각하니 가슴이 답답하기만 하다.

전공 교육에서는 획득한 학점만 중요한 것이 아니라 어떤 과목을 선택했는지 따져보는 것도 중요하다. 그러려면 대학에서의 학업성적을 평가할 때 성적평점(GPA)에만 의지하는 관행에서 벗어나야 한다. 취직할 때 도움이 된다고 해서 학생들은 좋은 학점을 얻을 수 있는 과목만을 선택하거나 점수를 잘 주는 교수를 찾아 수강 신청을 한다. 또 전공과목에서도 좋은 점수를 따기 위해 여러번 재수강하는 경우도 많다. 성적표에 재수강했다는 내용이 표시되지 않기에 좋은 점수가 나올 때까지 수강하여 시간을 낭비하기도 한다. 이렇게 어려운 과목이니 까다로운 교수를 회피하다 보면 정말 힘든 공부를 어렵게 하는 학생들이 불리할 때가 있다. 또 학문의 발전에도 지장을 초래한다. 꼭 필요한 과목을 제대로 이수했는지 가리려면 학점만을 따질 것이 아니라 어떤 과목을 수강했는지도 함께 계산해서 종합적으로 평가해야 한다. 그래야 학생들이 어려운 과목도 마다하지 않고 공부하게 될 것이다. 그리고 단지 학점만 좋게 따려고 하는 온갖 편법이 사라질 것이다.

과학 기술을 제대로 가르쳐야 한다.

산업사회에서는 자원이나 자본이 산업의 기초가 되었기에 그것이 있는 곳에 인력이 집중되었다. 그러나 지식정보화 사회에서는 그 반대로 지식 정보나 지적재산이 있는 곳으로 대규모 자본과 자원이 모여든다. 이런 경제적 상황의 변화를 통해 발전을 도모하려면 먼저 인재 양성에 힘을 쏟아야 한다. 지식 정보를 창출하는 것은 결국 인간의 두뇌이기 때문이다. 그리고 현대에 이르러 새로운 지식과 정보는 과학기술의 뒷받침이 없으면 생성되기 어렵다. 그렇다면 결론은 자명하다. 우리 자녀들에게 과학 기술을 가르치지 않으면 지식 정보화 사회에서 살아남을 방법이 없다.

우리가 가진 지식과 정보는 모두 인간과 자연에 관한 것이다.

인간과 자연을 이해하려고 노력하는데서 얻은 성과의 축척물을 학문이라고 부른다. 그런데 과거에는 인간에 관한 학문을 인문학이라 부르고 자연에 관한 학문을 자연과학이라고 칭하여 나누는 습관이 있었다. 요즘에도 고등학교 과정에서 문과, 이과로 나누어 반 편성을 한다. 그런 분위기에서 자연과학을 알지 못하는 인문학자나 또 문학이나 철학에 무지한 과학자들이 자연스럽게 생겨났다. 아무도 그것을 문제 삼지 않았다. 그런데 각 학문의 통섭을 통해 문제를 해결하려는 새로운 연구 풍조가 생기면서 이 칸막이를 없애야 한다는 인식이 공감대를 넓혀가고 있다.

인간과 사회를 다루는 인문학 분야의 지식은 과학기술의 발전에도 큰 영향을 미친다고 보고 우리는 이공계 학생들에게 열심히 고전을 읽고 인문적 교양을 쌓으라고 가르치고 있다. 마찬가지로 자연에 대한 이해는 인간 사회를 이해하거나 발전시키는데 중요한 요소이다. 그럼에도 불구하고 인문사회계열의 학생에게 과학기술 공부를 권하는 분위기는 조성되지 않고 있다. 그렇게되면 학생들을 세계를 제대로 이해하는 균형잡힌 지식을 가진 지성인으로 키울 수 없다.

현세기를 지식기반 사회라 하는데 새로운 지식은 대부분 여러 학문 분야가 융합되어 창출된다. 어느 한 분야의 지식만 습득해서는 이 복잡한 사회와 자연을 이해하는데 한계가 있다. 이제 학문의 칸막이를 제거하고 넓게 바라볼 수 있어야 세상을 제대로 볼 수 있는 시대가 도래했다. 이제 인문계니 자연계니 하는 칸막이

마저 치워버릴 때가 되었다. 특히 인문계열 학생들에게 과학기술 공부를 시켜야 한다. 그래도 이공계 학생은 인문계열 공부를 어느 정도하고 있는데 인문계열 학생은 과학기술 공부를 제대로 하지 않는다.

서울대학교 인문대, 사회과학대의 경우 졸업에 필요한 교양 학점은 36학점이다. 3학점짜리 교과목 12개에 해당된다. 이 중 과학기술에 해당하는 핵심 교양 과목은 인문대의 경우 6학점(2과목), 사회과학대의 경우 3학점(1과목)만 이수하면 된다. 극단적으로 말하면 고등학교 시절에 공통과학을 공부하고 대학에서 과학기술 과목 1~2개만 배우면 사회에 나갈 수 있다. 이것은 경영대, 법대도 마찬가지다. 이런 사람들이 나중에 사회 지도층이 되어서 사회와 국가를 이끌어 나갈 때 과연 균형잡힌 시각을 가질 수 있을지 의문이다. 이런 점에서 중국의 지도자 중에는 이공계 출신이 많다는 사실은 시사하는 바가 크다.서울대학의 교양과목 중에 「공학과 기술의 이해」라는 과목이 있다. 공대교수 여럿이 나누어서 강의하는데 21세기 지식기반사회에서 인문계 학생들도 반드시 공학기술을 이해해야 한다는 관점에서 개설한 과목이다. 이들이 공학기술을 이해하면 사회에 나가서라도 공학기술의 발전을 지지하는 그룹이 될 수 있다는 믿음으로 뜻있는 공대 교수들이 모여 교재를 편집하고 강의 방법을 연구했다. 한 학기만에 공학기술 모두 다룰 수 없어 각 학문의 개요만 소개하는 정도이지만 그래도 학문의 전체적인 분위기나 발전의 경향 등에 중점을 두어 강의한다. 이 강의를 통해 공학기술의 중요성, 각 산업과의 연계성, 사회 변화의 원동력으로 작용한 공학기술 그리고 인문사회 학문과의 융합적인 면을 빼놓지 않고 가르치기 위해 노력한다. 변화하는 시대에 보조를 맞추기 위해서는 이처럼 대학에서 노력하는 모습을 보여 주어야 한다.

○ 과학기술력은 문제해결 능력이다.

21세기 지식기반 사회에서 경쟁력을 갖추려면 먼저 끊임없이 새로운 지식이 창출되는 시스템을 갖추어 놓아야 한다. 누가 어떤 지식을 창출하는가에 따라 그 개인은 물론 국가의 경쟁력이 좌우된다. 그리고 이런 기능을 담당하는 것으로 대학 등 교육기관에만 의존해서는 안된다. 온 국민이 모두 창의적 발상을 하고 그것을 실현할 수 있는 마인드를 가져야 하는데 현대의 융합 지식은 과학기술을 이해하지 못하면 산출될 수 없다. 즉 온 국민이 과학적 마인드로 무장할 때 미래에 닥칠 난제들을 해결할 방안을 효과적으로 선택할 수 있다.

현대 문명사회를 살아가기 위해서라도 어느 정도의 과학지식은 필요하다. 왜냐하면 그것을 통해서 우리가 살아가면서 부닥치는 현실적 문제를 해결할 방법을 찾아낼 수 있기 때문이다. 과학기술의 이해는 기본적으로 "왜 그럴까?"와 "이것을 어떻게 응용할 수 있을까?"라는 두 가지 질문에 대한 해답을 찾으려는 데서 출발해야 한다. 어떤 일이 발생하면 그 원인을 분석하고 그것을 어떤 방법으로, 어떤 과정을 거쳐, 어떤 순서로 해결해야 하는지, 나중에 무슨 효과가 발생하는지 궁리해야 하는데 이때 과학적인 사고방식에 익숙한 사람이 훨씬 효과적으로 일을 풀어갈 수가 있다.

예를 들어 의료지식이 있으면 어떻게 해야 건강하게 살 수 있는지 또는 아플 때 어떻게 해야 하는지 효율적으로 처리할 방안이 떠오른다. 그런 지식이 없는 사람은 무엇 때문에 아픈지도 모르고 지나치다가 심한 중상이 나타나야 병원을 찾게 된다. 이처럼 어떤 문제를 해결하려 할 때 남들이 시키는 대로 따라 하는 것보다 본인 자신이 그 목적이나 과정을 이해하고 있다면 더욱 쉽게 풀어갈 수 있다.

과학을 배우는 것은 지식 이외에 과학적인 논리를 배우는 것이기도 하다. 과학은 논리적인 몇 단계를 거쳐야만 그 해답을 찾을 수 있는 학문이다. 그러므로 과학적 논리에 익숙해지면 어떤 문제에 직면했을 때 합리적인 방법을 찾아 문제를 해결하는 기본적 태도를 갖출 수 있다. 그래서 즉흥적으로 일을 처리하다가 낭패를 맛보는 잘못을 저지르지 않게 된다. 이처럼 수학과 과학을 배운 사람과 그렇지 않은 사람의 문제해결 능력에는 큰 차이가 난다.

○ 과학 기술력이 국가 경쟁력을 결정한다.

　　최근에 들은 이야기들을 소개 하겠다. 임진왜란 때 왜군의 함
대가 조선을 침입했지만 이순신장군의 탁월한 영도력을 발휘하
여 그들을 물리쳤음은 누구나 잘 알고 있는 역사적 사실이다. 충
무공은 싸움에서 한 번도 진 적이 없는데 거기에는 사람들이 잘
모르는 과학적인 사실이 숨겨져 있다는 것이다. 충무공이 십여차
례의 전투에서 모두 승리하게 된 데는 우리의 과학기술력이 일본
보다 뛰어났기 때문인데 그것은 화포의 성능차이 때문이라고 했
다. 조선 수군 화포의 사정거리가 일본의 그것보다 길어서 전쟁의
승패에 결정적으로 작용했다는 것이다. 일정한 거리를 두고 사격
전이 벌어지면 일본군의 포탄은 바다에 떨어지게 되어 포탄만 낭
비하는 꼴이어서 근접전을 벌일수 밖에 없있는데 그러자니 작전
상의 제한을 받아 전투에서 이길 수 없었다는 것이다. 또 다른 예
로 유럽에서 나폴레옹이 초기 전투에서 연전연승할 수 있었던 이
유의 하나로 프랑스군의 신속한 기동력을 꼽는다. 이 기동력 역시
과학기술을 응용한 데서 나온 것이라 한다. 또 2차 세계 대전을
종결지은 미국의 원자탄도 미국의 과학 기술력이 일본보다 뛰어
났기 때문에 만들 수 있었던 것이다.

　　이와 같이 과학기술력은 군사력으로 직결될 뿐만 아니라 경제
력을 결정하는 데도 주요인이 된다. 우주항공 기술을 개발하는 과
정에서 파생되어 나온 수많은 기술이 민간 부분의 상업화로 연결

2 · 대학에서는 비판적 사고를 가르쳐야 한다.

57

되어 미국의 힘을 증진시키는데 큰 위력을 발휘했다는 사실은 누구나 알고 있다. 이스라엘의 경우 군대에서 첨단기술을 익힌 젊은 이들이 제대 후에는 그 기술을 이용하여 벤처기업을 설립하고 새로운 지식과 산업을 창출하여 국력을 배가시키고 있다. 이처럼 과학기술은 국가 경쟁력을 결정하는데 필수적인 요소가 된다.

과학기술과 경제와의 상관관계를 좀 더 세밀하게 살펴보자. 무한 경쟁이 격화되고 있는 글로벌 시장에서는 세계 최고의 기술을 가진 기업만이 살아 남는다. IT 산업에서, 자동차 산업에서, 그리고 의약품 산업에서도 최고의 기술을 가진 소수의 기업이 세계를 지배한다. 그리고 그런 기업을 가지고 있는 나라의 산업 생산력이 세계 시장에서 국력의 순위를 결정한다. 이와 같이 국가의 경쟁력을 강화하기 위해서는 원천기술을 확보하는데 총력을 기울여야 한다.

우리를 뒤 따르고 있는 중국이 모방기술로 경제성장을 이루기는 했으나 그것은 폐쇄된 사회에서나 가능한 저임금 정책 덕분이라고 보아야 한다. 이제 원천적인 기술로 세계 시장에 진입하지 않으면 중국도 곧 한계에 도달할 것이다. 그래서 최근 중국은 과학기술 개발에 엄청난 예산을 투입하고 있다. 그래서 일부 산업 기술은 이미 선진국을 따라잡고 있다고 한다. 이런 중국에 추월당하지 않기 위해서라도 기술 우위를 확고히 지켜 나가야 한다. 그러려면 온 국민이 과학기술 마인드로 무장할 수 있도록 여러 가지 대책을 강구해야 한다. 인문학 위주로 구성되는 교양 강좌에 과학

기술 과목이 포함되도록 할 수는 없을까. 그렇게만 된다면 우리나라의 국가 경쟁력이 결코 뒤떨어지는 일은 없을텐데라고 혼잣말로 되뇌어 본다.

○ 과학 기술로 미래를 내다 본다.

　지난 100년 동안 과학기술의 진보로 인해 이 세상은 참 많이 달라졌다. 특히 우리나라의 경우 지난 100년 동안 농경사회와 산업사회 그리고 정보화 사회까지 거치는 극심한 변화를 겪게 되었다. 상하수도의 보급과 의료 기술의 발달 등으로 인간의 기대수명은 두 배로 늘어났다. 또 컴퓨터와 자동차 등 통신기술과 운송수단의 발명으로 인간의 삶에 질적인 변화가 찾아왔다. 불과 100년 전의 우리 할아버지들은 지금과 같은 세상을 상상도 못했다.

　앞으로 100년간의 변화는 우리가 과거에 겪었던 변화보다 더욱 가속적으로 전개되어 이 세상은 지금과는 또 다른 공간으로 전개될 것이다. 그 때에 가면 자동차나 비행기가 아닌 한 차원 더 높은 순간의 이동 방식이 나와서 순식간에 가고 싶은 대로 가게 될 지도 모른다. 아마 휴대폰도 진화하여 상대방의 말뿐만 아니라 마음까지 읽어내는 기계로 진화할 지도 모른다. 게다가 인체 노화를 늦추는 신약이 개발되어 평균수명이 두 배쯤 늘어날지도 모른다. 다만 분명한 것은 100년 전의 우리 조상이 그러했듯이 우리도 100

년 후의 세상을 상상하기 어렵다는 것이다.

우리가 역사를 공부하는 이유는 역사적인 사실을 기억하려는 데 있지 않다. 역사적 사건의 배경과 그 사건이 미치는 영향 등을 이해함으로써 미래를 예측하고 준비하기 위해서다. 그렇게 할 수 있을 때 반복되는 역사의 현장에서 살아남을 수 있을 뿐 아니라 과거에 겪었던 잘못을 되풀이 하지 않을 수 있기 때문이다. 예를 들어 세탁기나 냉장고의 발명이 우리 생활을 어떻게 변화 시켰는가를 연구해 보면 앞으로 또 다른 발명품이 미래를 어떻게 변화시킬 것인가 예측하게 하고 그 준비를 할 수 있게 해준다. 또 인터넷과 스마트 폰이 인간의 의식을 어떻게 변화 시켰는가 연구해 보면서 미래 우리 후손의 인간성을 추론해 볼 수도 있을 것이다. 이처럼 현재의 과학기술을 이해하지 않고는 미래도 내다볼 수 없다.

내가 대학에 진학하던 1970년으로 기억을 되돌려 본다. 주위에서 나에게 무슨 학과로 갈 것이냐고 물어서 서슴없이 화학공학과라고 말했더니 앞으로는 전자공학이 유망하니 전자공학과로 가는 것이 어떻겠냐고 권유하신 분들이 있었다. 나는 그래도 화학과 관련된 공부가 나에게 맞는다고 생각하여 화학공학과에 원서를 냈다. 세월이 흐르고 보니 주위 사람들의 말대로 우리나라의 전자공학이 눈부시게 발전하여 반도체나 정보 통신 산업이 세계의 첨단을 걷고 있음을 보게 되었다. 이것은 미래를 내다 본 우수한 인재들이 그 때 많이 전자 공학을 공부했기 때문일 것이다. 이렇게 과거를 되돌아보면서 인재 양성은 적어도 20년 내지 30년을 내다보고 해야 된다는 생각을 하게 되었다.

여기에서 앞으로 각광을 받을 분야로 손꼽히는 바이오테크놀로지(biotechnology), 즉 생명 공학과 관련하여 일어날 것으로 예상되는 변화를 생각해 보자.

2000년대 초에는 인간의 유전자 DNA 서열을 밝히는데 몇 년의 시간과 천문학적 비용이 소요되었다. 지금은 여러 대학과 연구 기관에서 새로운 방법들을 연구하고 있는데 그것이 실용화되는 10년 후에는 백만원 안팎의 비용으로 며칠 내에 개인의 유전 정보를 해독하고 분석할 수 있게 될 것이다. 그러한 유전 정보들은 개인의 질병, 성격 및 학습 성과 등과 연계되기에 그와 관련된 많은 새로운 산업들이 등장하게 될 것으로 예상된다. 또 이렇게 변화된 환경으로 인해 우리가 상상하기도 어려운 새로운 세계가 펼쳐질 것이다. 그런데 만약 과학 기술에 무지하다면 이 새로운 세계에 전혀 대응할 준비를 못하게 되어 개인이나 국가의 경쟁력이 뒤떨어지게 된다.

아직도 수많은 사람들이 질병으로 시달리고 있다. 최근 연구되기 시작한 줄기세포(stem cell)와 조직공학(tissue engineering)의 발전은 인공 장기 배양 등의 새로운 의료 기술로 연결되고 특히 이런 기술이 정보기술(IT)과 연계되어 유비쿼터스 의료 시스템이 발전하게 될 것이다. 그러면 개인의 의료 정보가 병원에 저장되어 환자는 언제 어디서나 의사의 적절한 치료를 받게 되는 의료 혁명이 일어날 것이다. 이렇게 되면 인간의 수명은 또 한 번 획기적으로 늘어나게 되지 않겠는가.

　또 다른 예를 하나 들어보자. 지금은 석유에서 수송용 에너지와 산업용 화학소재를 만들어 사용하고 있는데 언젠가는 석유자원이 고갈되는 시대가 도래 할 것이다. 더구나 화석연료를 사용할 때 발생하는 이산화탄소에 의해 지구 온난화가 가속되어 생태계 변화가 예상된다. 이런 비극을 막기 위해서라도 새로운 패러다임의 기술 개발이 시급히 필요하다. 그 기술의 하나가 바로 바이오 테크놀로지에서 나오게 된다. 즉 바이오 자원에서 화학 소재를 얻는 바이오 화학시대가 오고 있는 것이다. 물리학의 발달로 원자력 에너지를 쓸 수 있었듯이 생물학의 발달로 새로운 바이오 에너지를 쓸 수 있게 되는 것이다.

　시대가 변화함에 따라 그것을 예측하고 남보다 한 걸음 빨리 대응할 수 있다면 그것이 곧 개인과 국가의 경쟁력이 된다. 예를 들어 필름을 사용하던 카메라에서 디지털 카메라로 변화할 것으로 예측할 수 있었다면 코닥 같은 대기업이 무너지지 않고 살아남았을 것이다.

　과학기술은 개인에게는 창의적으로 문제를 해결하는 능력을 키워준다. 게다가 삶의 질을 높여 주기도 한다. 뿐만 아니라 국가의 방위와 발전에 절대적으로 필요한 요소이다. 과학기술을 발전시키지 못하면 오늘날 융합과 통섭의 시대에 개인과 국가의 발전도 기대할 수 없다. 인문과 사회과학 분야의 일을 하거나 아니면 개인 사업을 하더라도 과학적인 마인드가 없으면 크게 성공할 수가 없다. 과학기술을 제대로 익혀야 시대의 흐름을 예측할 수 있고 미래에 대비할 수 있기 때문이다.

그런데 우리의 현실은 어떠한가? 고1 수준에서 공통과학을 공부하고 나서 인문계 대학으로 진학하면 더 이상 과학기술 공부를 할 기회를 얻지 못한다. 대학에서 상식 수준의 재미있고 학점 잘 나오는 과목 한 두 개 들으면 그것으로 과학과는 이별이다. 이것이 우리 과학 교육의 현주소이다. 말로는 과학기술이 중요하다고 하면서 정작 과학기술 관련 교육에는 관심이 없다. 우리 사회나 국가가 수준 높게 발전하고 국제적 경쟁력을 유지하려면 이공계 전공자 뿐만 아니라 인문계열의 학생들도 제대로 과학 교육을 받아야 한다. 그래야 그들이 사회의 지도층이 되었을 때 우리의 미래를 성확히 내다보고 대비할 수 있기 때문이다.

교 · 육 · 이 · 바 · 로 · 서 · 야 · 우 · 리 · 가 · 산 · 다

3 •

창의력을 키워주는 교수법

교수는 교수법을 배우지 않았다.

대학의 강의라고 해서 중고교의 수업과 별로 다를 것이 없다. 수업 내용이 다를 뿐 강의 형식은 거의 비슷하다. 어떤 교수는 칠판에 교재 내용을 새까맣게 적으면서 일방적으로 설명하기만 한다. 또 다른 교수는 한 시간에 수십 장의 PPT를 보여 주면서 시청각 자료를 잘 활용하고 있다고 믿고 있다. 그리고 학생들은 대체로 판서를 많이 하거나 PPT를 많이 보여 주면서 열심히 설명해 주는 교수를 좋아한다. 시험때 그들이 설명해준 것을 그대로 옮겨쓰면 좋은 학점이 나온다는 사실을 잘 아니까 말이다. 하지만 그런 상식적인 강의 방식을 탈피하여 가장 효율적인 교수법이 무엇인지 생각해 볼 필요가 있다.

나도 대학의 교수가 되어 강의를 한지 25년이라는 세월이 흘

렀다. 처음에는 지금까지 보고 배운대로 책에 있는 내용을 잘 요약해 학생들에게 전달하려 했다. 그렇게만 강의하면 될 줄 알았는데 몇 가지 경험을 통해 그게 아니라는 것을 알게 되었다.

대학원생을 가르치다 보니 실력의 차이가 뚜렷이 눈에 보였다. 연구를 잘 하는 대학원생은 기초 개념을 잘 이해하고 있을 뿐 아니라 매사에 적극적인 태도를 유지했다. 어떤 현상에 대하여 늘 '왜 그렇지?' '어떻게 응용할 수 있을까?' 등 스스로 질문해 가며 주위 동료들과 열심히 토론을 벌이는 습성을 가지고 있다. 무엇인가 새로운 것을 찾아 보려고 그의 눈은 항상 반짝인다. 그런 학생은 대학 시절에 튼튼한 기초 실력을 쌓았고 자기가 하는 일에 자부심을 가지고 있다는 공통점을 가지고 있다. 이런 학생들을 보면서 대학에서의 교수법은 먼저 기초 개념을 확고하게 잡아주고 학눈에 대한 호기심을 잃지 않도록 동기부여를 해 주는데 있나는 사실을 알게 되었다.

또 미국 유명대학을 몇군데 방문하면서 많은 대학이 교수법개발센터(Center for Teaching)라는 기관을 운영하고 있음을 알게 되었다. 그 곳은 한마디로 대학교수가 강의를 잘 할 수 있도록 도와주는 곳이다. 그 곳의 프로그램을 보면 교수들이 전문가들과 토론을 하게 하거나 강의를 녹화하여 자기 점검표와 함께 보내주기도 하고 조교들을 대상으로 강의실에서 할 일에 대해 교육시키기도 한다. 이런 기관의 도움이 아니더라도 미국의 교수들이 샌드위치를 먹으면서 더 좋은 강의를 하기 위한 토론을 하는 것을 수시로 볼 수 있었다. 서울대학교의 교수학습개발센터(Center for Teaching and Learning)도 이런 목적으로 10년전에 설립되었다.

강의 시간 동안 교수는 잘 준비된 교안에 따라 멋진 공연 (Performance)을 해야한다. 동기 부여를 통해 학생의 호기심을 자극하고, 기본 개념을 반드시 점검하고, 그것을 세부적으로 정량화시키고, 수시로 질문을 유도하여 이해를 도와주고, 어떻게 응용 발전시킬 수 있는지 방향을 안내해 주고, 강의 후에도 다음 강의 시간이 기다려지도록 흥미있게 공연해야 한다. 그런데 교수가 일방적으로 설명하기만 하고 학생들이 수동적으로 듣고만 있다면 아무리 알찬 내용을 가르치더라도 멋진 퍼포먼스가 될 수 없다. 좋은 강의는 교수와 학생이 공동으로 참여하여 공연하는 연극과 같은 창조적 과정이 되어야 한다. 그러므로 똑같은 내용을 가르치더라도 수강하는 학생들이 다르면 똑같이 수업을 해서는 안된다.

학교에서 가르치는 이공계 과목의 일방적인 방식은 어떤 현상에 대해 소개한 후 몇 개의 가설로 단순화 한 다음 그것을 수학적 방식으로 간결하게 표현한다. 시험을 볼 때는 식을 유도한다던가 적절한 조건을 주고는 공식을 이용해 문제를 푸는 방식이다. 이런 방식에는 항상 모범적인 풀이 사례와 정답이 주어져 있어 학생들은 이것을 암기하여 따라하면 좋은 점수를 받을 수 있다.그러나 실제 자연계에서 일어나는 현상은 이렇게 단순하게 처리할 수가 없다. 문제가 무엇인지조차 파악하기가 어려운 경우가 허다하다.

또 문제를 안다해도 그것을 해결하는 방안을 찾기도 어렵다. 현상의 원인이 복합적이면 단순한 수식으로 나타낼 수도 없을 뿐더러 수식에 관련된 인자(Parameter)들의 값을 구할 수도 없다. 이런 문제에 정답이 따로 있는 것이 아니다. 문제를 푸는 사람에 따라 여러 개의 정답이 나올 수도 있다.

어떤 현상을 단순화하여 고찰하는 것은 기초 개념을 확립하는 데는 도움이 된다. 그리고 가르치기도 편하다. 그러나 이것만 배워서는 현실적으로 닥친 문제를 해결하는데 한계가 있다. 어떤 현상을 분석하는 가운데 스스로 문제를 찾고 그 문제의 원인과 특성을 파악해서 창의적 해결 방안을 제시하는 과정을 학생 스스로 몸소 보여 주도록 가르쳐야 한다. 그래서 강의라는 퍼포먼스에서 주인공은 학생의 몫이어야 한다. 교수는 그저 연출자로 남으면 된다. 바로 그것이 명강의라 할 수 있다.

칠판에 교재 내용을 가득 적거나 준비한 PPT로 중요 내용을 잘 요약해서 보여 주거나 하는 것만으로는 부족하다. 교수의 설명만 잘 듣고 시험지에 그대로 그것을 기록해 제출하면 좋은 점수가 주어지는 환경에서는 학생들의 창의성을 키워줄 수가 없다. 물론 핵심 내용을 숙지하는 것이 모든 공부의 시발점이 되기는 하겠지만 거기서 그쳐서는 안된다. 그 기초 개념을 응용하거나 적용하는 데서 학생들의 창의성을 길러주는 방향으로 나아가야 한다.

최근 대학에서 OCW(Open Course Ware)라는 단어가 자주 들려온다. 이 말은 인터넷에 강의를 공개한다는 뜻이다. 처음에는 방송 통신 교육과 관련된 강의를 동영상으로 찍어 인터넷에 올려 놓고 공부하도록 했다. 또 원격 강의시 강의실에 있는 학생은 물론 동시에 다른 곳에 있는 학생도 보게 하거나 강의한 것을 녹화해 두고 나중에 누구라도 볼 수 있게 한다. 인터넷이 발달하고 개인홈페이지가 확산되면서 몇몇 교수는 OCW를 통해 스타 강사가 되었다. 마이크 샌덜 교수가 그 대표적 예로써 우리나라에서도 그의 강의가 방영된 적이 있다.

몇 년전 미국 MIT에서는 모든 교수의 강의를 인터넷에 공개하는 방침을 정하고 그것을 실천에 옮기고 있다. 처음에는 교수의 강의가 돈으로 따지면 엄청난 지적 재산이기도 한데 그것을 무료로 공개하는 하는 것은 자본주의의 논리에 맞지 않는다며 반발하기도 했는데 지금은 대부분의 사람들이 MIT의 방침에 찬사를 보내고 있다. 이제 우리 대학들도 이런 추세를 받아들여 교수들의 강의를 공개하게 될 것이다.

위에서 소개한 마이크 샌덜 교수의 예에서 보듯이 이제 교수들의 강의가 비밀 의식처럼 숨겨져 진행되는 일은 없어지고 말았다. 기존의 학설을 적당히 설명하는 선에서 끝나는 강의로는 교수들이 설 자리가 없다. 학생들이 인터넷을 통해 명 강의를 접하고 자신을 가르치는 교수와 비교하여 평가하기 때문이다. 이제는 우리 대학들도 교수가 강의를 인터넷에 공개하도록 권장하고 있다. 지금은 강의록을 공개하는 수준이지만 멀지 않아 동영상까지 공개하게 될 것이다. 대학교수는 학문을 연구하는 학자이면서 동시에 학생을 가르치는 선생이기 때문에 교수법에도 신경을 써야 한다. 이제는 교수도 교수법을 배워야 하는 시대이다.

영어 강의에도 콘텐츠가 우선이다.

필리핀 마닐라에서 겪은 일이다. 길거리를 걸어가는데 허름한 옷차림의 거지가 구걸하는 깡통을 앞에 놓고 신문을 보고 있었다. 그것도 영어로 된 신문이었다. 거지가 신문을 보는 것도 이상한데 영어 신문을 읽고 있다니 사람을 깜짝 놀라게 했다. 그제야 필리핀 사람들은 영어를 모국어처럼 사용하고 있으며 또 걸인이라고 해서 문맹자일 것이라는 추측은 잘못된 생각임을 깨우쳤다. 그리고 그 순간 중요한 것은 영어가 아니라 콘텐츠 (contents)구나 라는 생각이 머리석에 떠올랐다.

글로벌시대이니만큼 영어를 잘하는 것도 좋겠지만 더욱 중요한 것은 바로 그 영어로 표현하는 내용이어야 한다는 생각이 들었던 것이다.

이어서 오래전 미국의 학술대회에 참가한 때의 기억이 되살아났다. 유명인사의 초청 강연으로 최근 공학박사 학위를 받은 유명 주립대학 교수의 동물 세포 배양에 관한 강연이 있었다. 처음에는 그의 독특한 중국식 억양 때문에 그가 입을 떼자 200명 정도 되는 청중들이 웃기 시작했다. 그러나 몇 분이 지나니 조용하게 발표를 경청하는 분위기로 바뀌다가 나중에는 모두 귀를 쫑긋 세우고 한 마디 말도 놓치지 않고 들으려는 열띤 분위기가 조성되었다. 그것은 발표 내용이 첨단 공학기술 연구 결과를 소개하는 것이었기 때문에 그의 어눌한 중국식 영어 발음을 탓하는 사람은 아무도 없었다. 가치 있는 내용이 담긴 영어는 좀 서툴더라도 아름답게 들린다. 그러나 콘텐츠 없는 영어는 그저 소음일 뿐이다.

우리나라 대학생들은 영어 공부에 엄청난 시간과 돈을 투자한다. 영어 공부시간을 절약하여 그 반쯤만 다른 공부를 할 수 있다면 어떤 학문이라도 깊이 파고들 수 있을 것이다. 그러나 다른 공부보다 영어가 중요하다는 인식 때문에 오로지 영어 공부에 매달린다. 그래서 수많은 학생이 영어 연수를 가고 소기 유학을 간다. 그런 과정을 거치면 최소한 영어 하나는 마스터할 것이라고 믿기 때문이다. 그러나 곰곰이 생각해보면 외국에 간다고 영어를 잘하는 것은 아니다. 많은 시간을 들여 영어 공부를 했기 때문에 그만큼 하는 게 아닐까. 그 예로 영어 연수를 갔다 와도 한국 친구들과 어울리다가 돌아온 학생들은 별 진전이 없는 경우도 많다. 영어 공부를 어디서 하든 효율적으로 하는 방법을 찾도록 해야 한다.

그래야 다른 공부도 할 수 있지 않겠는가.

　오래전에 박사 과정 학생 두 명과 같이 일본의 도쿄대와 오사카대를 방문하였다. 그곳의 세미나에서 우리 학생이 영어로 연구 결과를 발표하였다. 억양이 미국 사람처럼 매끄럽지는 않았지만 연구 내용을 전달하는데 아무런 하자가 없었다. 연구 내용은 새로운 기술을 소개하는 것이어서 이론적으로 깊이가 있는 것이었다.

　우리 연구실은 매주 토요일 오전에 영어로 발표하는 세미나를 한다. 처음 몇 번은 서툴지만 경험을 쌓고 시간이 경과하면 영어는 장애가 되지 않는다. 우리 연구실에는 늘 외국인 학생 또는 포스트닥이 한명 이상은 있기에 평상시에도 영어 사용의 빈도가 높다. 이런 연구실의 분위기 때문에 대학원 학생들은 자신감을 가지고 외국에서도 연구 발표를 할 수 있게 된 것이다.

　오래전에도 서울대에서 영어 교육 전반에 대해 논의한 바가 있었다. 대학의 영어 교육에 대해 의견이 엇갈리고 있었지만 대학을 마치면 기본적인 영어는 가능해야 한다고 주장하는 교수들이 많았다. 대학에서 실용영어나 영어회화가 가능한 수준까지는 책임지고 가르쳐야 한다는 것이다. 그와 반대되는 의견으로 영어회화는 개인이 해결할 과제이지 대학에서 그것까지 제공할 이유가 없다는 의견도 있었다. 그러나 오늘날과 같은 글로벌 시대에 대학을 졸업하고 사회에 나가면 전공과 관련된 내용쯤은 영어로 표현할 수 있어야 한다는 것으로 의견이 모아졌다. 그 이후 졸업생의 영어 수준에 대해 대학이 관심을 가지게 되었고 대학 수준의 교양

과 전공을 영어로 듣고 말하는 수준까지 향상시키기 위해 노력해
왔다.

최근에는 전공 강의를 영어로 하는 것이 유행이 되어 버렸다.
어느 대학은 모든 강의를 영어로 한다는 것을 대학 홍보에 이용
하고 있다. 또 어느 대학은 신임 교수들에게 영어 강의를 의무화
하기도 한다. 그것은 학생들의 영어 듣기 능력이 가능해야 되는
일이라서 너무 의욕만 앞세운 처사가 아닌가 생각한다. 이에 대
한 반론으로 학생들이 영어권 대학에 유학가면 어차피 영어 강의
를 들어야 하니 우리나라에서도 그 정도의 난관쯤은 극복해야 한
다는 말을 하는 교수도 있다. 그렇지만 영어보다 중요한 것은 콘
텐츠다. 그런데 영어만 강조하다가 콘텐츠가 부실해진다면 그것
은 더 큰 문제다. 교과의 기본 개념을 이해하고 나아가 그것을 응
용할 수 있어야 하는데 영어로 이런 목적 달성할 수 있을지 우려
된다.

우리 대학원 연구실에는 필리핀에서 온 박사 과정 학생이 있
다. 필리핀에서는 대학 교수였는데 박사 학위 공부를 위해 한국
에 왔다. 그에게 영어 강의에 대해 물었더니 필리핀 대학에서도
영어로 강의하는 것이 보편적이지만 중요한 개념이나 깊이 있는
내용은 자국어를 사용할 때가 많다고 한다. 이와 같은 사례는 우
리가 반드시 새겨들어야 할 이야기이다. 그렇다면 콘텐츠와 학생
수준을 생각하여 영어 사용을 늘려 나가도록 하는 것이 정답이라
하겠다.

창의성 계발을 위한 제언

나는 강의할 때 피카소의 그림을 보여주면서 학생들과 토론을 하기도 한다. 이런 방식이 교과목과 별 관련이 없어 보이지만 학생들의 상상력과 창의력을 자극하는데 큰 도움이 된다. 토론 내용은 그림을 그리는 수법, 사물을 보는 관점, 그림에서 느낄 수 있는 의미 등이고 나아가서는 그림이 그려진 시대의 배경, 그림의 값 등 다양한 화제로 의견을 나눈다. 미술 공부를 하려는 의도가 아니라 창의성에 대한 공부를 하려는 목적이어서 학생들이 창의적 의견을 도출할 수 있도록 도와주는 교수법이다. 이때 자유롭게 의견을 교환하다 보면 학생들의 상상력이 무한하다는 것을 실감하게 된다.

최근 우리 대학가의 풍속도를 하나 소개하겠다. 대학원 입학

시험을 보는 시험장에 부모가 어른이 다된 학생을 데려오거나 학부모가 직접 지도교수를 찾아 인사를 하는 사례도 있다. 미국 사회는 자녀가 대학을 갈 나이가 되면 집을 떠나 독립하는 것을 당연하게 여긴다. 그런 사회와 비교하면 우리는 자녀들을 너무 과보호하여 양육한다. 심지어 서른 살이 넘고 마흔이 되어도 결혼을 해 분가하지 않으면 부모와 한집에 사는 것을 어색하게 여기지 않는다. 이런 풍조는 한 인간이 독립적 인격체로서 홀로서기를 할 기회를 놓친다는 점에서 문제가 있다. 이렇게 자란 아이들은 성인이 되어도 뚜렷한 주견을 가지지 못한다.

한국의 학부모들은 자녀들에게 자기 삶의 결정권을 주지 않는다. 학교 수업이 끝나면 몇 시에 어느 학원에 가서 무슨 공부를 하고 그 다음에는 어디 가서 무엇을 하라는 식으로 방과 후 일정까지 다 짜준다. 여기에 자녀의 의견은 전혀 반영되지 않는다. 아이는 친구들과 어울려 놀 시간도 없이 강요된 공부로 늘 피곤하게 지낸다. 공부는 학원에서 하니 학교에 가면 졸거나 딴청을 피운다.

어른들은 자녀를 위한답시고 자녀의 인생에 개입하여 아이 스스로 생각하고 행동을 선택한 권리를 박탈한다. 그렇게 열성적으로 해야만 유능한 부모라고 생각한다. 이런 부모 밑에서 자란 아이들은 새로운 일에 접하거나 어려운 일에 부딪치면 해결할 방도를 찾지 못하고 도피하려는 경향을 보인다. 학원에서 하는 공부도 단순 지식을 암기하거나 반복 학습을 통해 점수를 올리는데 치중

되어 있어서 학생들은 깊은 사색을 할 겨를이 없이 학창생활을 보낸다. 이렇게 자란 학생들은 원천적으로 창의적 의견을 도출할 능력이 없다. 그렇게 된 책임은 자녀를 그렇게 키운 부모들에게 있지 않을까.

이제 우리들은 자녀를 키우는 방식을 바꾸어야 한다. 아이들을 품안에서 풀어놓아 자유롭게 뛰어놀 수 있는 기회를 주어야 한다. 방과 후 시간을 어떻게 보낼까 하는 것 같은 생활과 결부된 문제는 아이들 스스로 의견을 낼 수 있도록 해야 한다. 부모는 조언을 해주는 선에서 그치고 마지막 결정은 아이가 하도록 하는 게 좋다. 친구를 사귀거나, 옷을 사거나, 여가를 활용하는 일 등의 일상적인 결정을 자녀들 스스로 내리도록 하고 마음에 들지 않더라도 내버려둘 필요가 있다. 현명한 부모라면 문제 제기를 하거나 상황을 설명해주는 역할만 맡으면 된다. 최후의 결정을 자녀에게 맡겨야 일이 잘못 되었을 때도 책임질 줄 알게 된다. 부모에게 의존하는 습관에서 벗어나지 못하면 문제를 스스로 해결하는 법을 배우지 못해 자기의 의견이 무엇인지조차 모르고 어른이 되어 버린다.

창의력이란 말 그대로 새로운 것을 생각해내는 능력을 일컫는다. 창의력 계발은 우리 교육 목표의 으뜸가는 자리에 위치하는데 이는 지식 정보화 사회에서 더욱 진가를 발휘하게 될 것이다. 현대 사회 문제로 부각되는 생태계 파괴나 비인간화 문제는 과거의 방식으로는 해결할 수 없다. 인류가 살아남기 위해서는 이렇게 인

류에게 도전해오는 문제들을 성공적으로 해결해야 되는데 그것
은 새로운 세대의 창의력에 의존할 수밖에 없는 것이다.

창의력은 이처럼 거대담론에서만 필요한 능력은 아니다. 평범
한 일상생활에서의 문제 해결 능력이기도 하다. 우리는 하루에도
여러 가지 문제에 접하고 순간 순간 결정을 내려야 한다. 그리고

IQ는 정확한가?

많은 학교에서는 구체적이고 분명한 질문을 한 뒤에 한
가지 답을 요구한다. 그러나 실제 일어나는 일은 문제 자체
가 구체적이지도 않고 정답도 하나가 아닌 여러 개일 수 있
다. 구체적인 형태의 문제에 대답을 잘하는 학생이 과연 우
수한 학생인지 검토해볼 필요가 있다. 전통적인 IQ검사는
언어를 이용하여 검사하기 때문에 시공간 능력이 우수한 학
생인 경우에는 점수가 낮게 나올 수 있다. 시공간 능력이 우
수한 경우 지능은 낮지만 창의성은 높을 수 있다. 종전에는
개인의 지능이 주로 유전에 의하여 결정된다고 믿어왔지만,
최근에는 영아, 유아시절에 뇌를 자극하고 발달시키는 것,
그리고 성장환경과 교육에 의하여 많이 변화할 수 있음이
밝혀졌다. 지능이 높다고 창의성이 높은 것은 아니다. 창의
성은 지능과는 다른 분야의 능력이다.

이런 선택이 잘되었느냐 아니냐에 따라 삶의 질이 결정된다. 어떤 문제에 직면해서 문제의 내용을 정확하게 파악하고 거기에 적합한 방안을 선택하여 지혜롭게 해결할 수 있는 능력이 바로 창의력이다. 이런 창의력은 머리가 좋은 사람에게만 있는 것은 아니다. IQ가 높은 사람보다 어릴 때부터 스스로 생각하고 결정하여 실행하는 주체적 사고를 가진 사람에게서 더욱 잘 나타난다. 즉 머리와는 관계없이 생활 속에서 훈련을 거듭하면서 창의력이 신장되는 것이다.

그렇다면 창의성은 어떻게 기를 수 있을까?

첫째, 문제를 명확히 정의하거나 규정하는 데서 출발한다. 무슨 문제인지 뚜렷이 알고 표현할 수 있어야 한다. 또는 호기심을 구체화하여 자신이 좋아하는 것을 분명히 알도록 해야 한다. 해결해야 할 과제가 무엇인지 알고 그것이 호기심의 대상이 될 때 창의성이 발현되기 때문이다.

둘째, 좌뇌와 우뇌를 동시에 발달시키는 공부를 해야 한다.

우리가 두 눈으로 사물을 볼 때에 한 눈으로 보는 것보다 더욱 명확하게 보인다. 머리도 이와 마찬가지여서 직관적 능력을 보여주는 우뇌와 논리적 능력을 담당하는 좌뇌를 함께 활용할 때 그 시너지 효과로 창의력이 생긴다. 좌뇌와 우뇌를 골고루 발달시키기 위해서는 다방면의 책을 골고루 읽어야 하고 여러 분야에 호기심을 가져야 한다. 호기심이 강한 사람은 끊임없이 질문을 하는

버릇을 가지고 있다. 우리 자녀가 끊임없이 질문하더라도 그것을 귀찮게 여기면 안 된다.

셋째, 부모님 또는 선생님과 같이 어떤 주제를 정해놓고 의견을 나누거나 친구들과 함께 진지한 대화나 토론하는 기회를 많이 가지도록 해야 한다. 그리고 새로운 생각이 떠오를 때마다 기록으로 남겨두는 것이 좋다. 예술가나 과학자 등 창의력을 필요로 하는 직업을 가진 사람들 중에는 메모에 익숙한 사람들이 많다. 창의적 견해나 아이디어가 떠오를 때마다 기록해 두어야지 그렇지 않고 잊어버리면 다시는 그런 생각이 떠오르지 않을 수 있다.

넷째, 어려움을 이겨냈을 때의 기쁨을 맛볼 수 있게 해주어야 한다. 작은 일이라도 혼자 스스로 성취했을 때 상을 주거나 칭찬을 해 주어야 한다. 등산을 할 때 조금 힘들더라도 산의 정상에 올라 세상을 내려다보는 맛을 알게 해 주면 또 다시 산에 가고 싶은 의욕이 생길 것이다. 집안 청소를 하거나, 심부름을 하거나, 노약자를 돕거나 하는 사소한 일이라도 자발적으로 한 일이라면 칭찬하고 격려해 주어야 한다. 특히 어려운 일이 닥쳤을 때 회피하지 않고 도전할 수 있도록 용기를 북돋아 주면 효과적이다. 창의력은 스스로 어려운 일에 도전할 때 제일 많이 배양된다. 어려서부터 부모나 타인에게 의지하며 자란 사람에게서는 창의력을 기대할 수 없다.

어떤 학자는 앞으로는 창의적 인재 한 명이 수십만 명을 먹여 살린다고 말했다. 이처럼 미래의 세계는 창조하는 인간을 원한다. 그들은 새로운 기계를 발명하고 새로운 제도와 가치를 창안해낼 것이다. 그리고 무엇보다도 인류의 새로운 역사를 창조할 것이다.

창의적 인물의 성격 특성 (참고문헌 8)

- 평범한 생각을 하지 않으며 독특한 연상을 한다.
- 관심을 끄는 흥미로운 성격을 가지고 있다.
- 순응주의자가 아닌 반항아적 기질이 있다.
- 감정의 기복이 심하다.
- 도덕주의자나 보수파와는 거리가 멀다.
- 사람들과 잘 어울리는 것과는 거리가 멀다.

우리가 선진국을 향해 발전하는 과정에서는 후발주자의 이점을 살릴 수 있었다. 선진국의 기술과 제품을 흉내 내고 모방하면서 그보다 우수한 기술이나 제품으로 만들기 위해 노력했다. 선진국을 따라가는 입장에서는 이처럼 목표가 분명해서 우리가 무엇을 해야 하는지 뚜렷이 눈에 보였다. 그러나 이제 세상이 바뀌어 우리도 세계 10대 경제 강국 안에 들게 되었다. 또 IT나 조선을 비롯한 일부 산업은 세계 정상에 이르러 더 이상 벤치마킹할 대상을 찾을 수가 없게 되었다.

이런 선발주자의 입장에서는 절대적으로 우리의 창의성에 의
존할 수밖에 없게 된다. 우리가 세계 최고의 기술을 개발해야 하
고 최고의 제품을 생산해야 한다. 지금까지 세상에 존재하지 않
는 기술이나 제품을 만들어야 하는데 우리 자녀들을 창의적 교육
환경에서 키우지 못했으니 앞날이 걱정된다. 기술이나 제품과 같
은 물질적 가치가 아니더라도 새로운 가치나 제도를 창안할 수 있
어야 하는데 우리의 신세대에게 그것을 기대할 수 있는지 의문이
다. 그러나 늦었다고 생각할 때가 가장 빠른 시기라고 했다. 지금
이라도 우리의 교육 환경을 창의의 꽃이 활짝 필 수 있도록 바꾸
어 놓아야 한다.

　예전에는 음악 미술 등 예능 과목이 푸대접을 받았다. 근래에
들어 많은 연구를 통해 예능 교육이 창의성을 키우는데 큰 도움이
된다는 사실이 밝혀졌다. 옛날 우리 조상들도 선비들은 반드시 음
악적인 소양을 갖추어야 한다고 믿었다. 그래서인지 요즈음 아이
들을 키우면서 악기 하나쯤은 다룰 수 있도록 가르치고 있다. 악
기를 다루어 조화로운 음을 내는 것은 반복적인 연습으로도 가능
하다. 음악적인 재능이 없어도 거기까지는 누구나 할 수 있다. 그
러나 음악 교육에서 중요한 것은 훈련에 의해 소리를 잘 내게 하
는 것이 아니라 그것을 배우면서 예술적 감각을 키워주는 것이다.
음악이 자기 인생에 어떤 도움이 되는지 알게 해 주는 것이다.

　이것은 수학 교육에서도 마찬가지로 적용된다. 수학 교육의
목적은 가감승제의 계산을 반복 학습에 의해 실수하지 않도록 하

거나 19단까지 잘 외워서 빠른 시간 내에 문제풀이를 하도록 기능을 가르치는 것이 아니다. 그것은 계산기로도 얼마든지 빠르게 할수 있다. 수학을 배운다는 것은 수학적이고 논리적으로 사고하는법을 배우는 것이다. 이렇게 수학적 사고에 익숙해지면 어떤 문제에 직면할 때 합리적으로 처리하는 능력을 갖출 수 있다. 아울러보편타당한 논리가 어떻게 유도되고 성립되는지 생각하는 가운데 깊은 사고를 하게 된다.

우리 앞에 닥친 문제를 해결하기 위해서는 그 내용에 대해 관심이나 호기심을 가져야 한다. 그래야 그 문제를 해결하고자 하는의욕이 솟아난다. 아는 사람은 좋아하는 사람만 못하고, 좋아하는사람은 즐기는 사람만 못하다는 옛말이 있는데 여기서 즐긴다는것은 호기심을 가진다는 뜻이다. 호기심이 없거나 의욕이 없는 사람에게서는 새로운 것을 기대할 수 없다. 앞에서도 말 했지만 호기심은 늘 의문문의 형태로 나타난다. 예를 들어 사회 현상을 바라보는 경우에도 "어떤 사회가 바람직한 사회인가?", "이 사회에구조적인 모순이 있다면 그것은 무엇인가?", "사회의 불평등을 교육의 문제라고 볼 수 있는가?", "이 사회를 지배하는 가치관은 무엇인가?" 등등 끊임없이 질문할 수 있다. 이런 질문에 대한 해답을 구하는 과정에서 창의력이 생기는 것이다.

과학의 탐구와 기술의 진보 역시 사회 현상과 연계시켜 생각해보면 여러 가지 질문을 던질 수 있다. '디지털시대에 아날로그적 감성을 접목한다면 그 제품을 어떻게 만들어야 할까?' '과학

기술의 발달은 인간의 의식을 어떻게 변화시켰을까? '그 시대의 문화에 과학 기술은 어떤 영향을 끼쳤는가? 이렇게 질문해 보면

사례 : 이스라엘의 영재교육

이스라엘은 지정학적 위치가 불리하고 오랫동안 전쟁을 겪은 국가이다. 1970년대 초까지는 교육에도 형평성의 원리를 강조했었지만 1973년 이후 우수한 창의적인 인재양성의 중요성을 재인식하여 영재교육을 강조하고 있다. 이스라엘의 영재교육의 특징은 (1) 융합과 통섭의 학문적 접근으로서, 인문사회과학과 자연과학을 균형 있게 교육시키고 있으며 (2) 이웃의 문제, 사회 및 국가의식을 계발하는 가치관과 도덕교육을 중시하고 있는 것이다. 특히 세계적으로 노벨상 수상자를 가장 많이 배출한 것으로 알려진 예술과학고등학교(Arts and Science Academy)에서는 (1) 과학과 예술의 만남을 강조하는 교육을 한다. 즉, 과학 전공학생은 음악이나 미술을 통하여 미적 감각을 키우고, 예술 전공학생은 과학을 배우며 논리성과 합리성을 배우게 된다. (2) 종합적으로 사고하고 문제를 해결하는 프로젝트를 강조하고 (3) 과학은 물론 다른 학문 분야를 탐색할 수 있는 탐색캠프를 운영하는 것으로 알려졌다.

3 · 창의력을 키워주는 교수법

과학과 인문학의 통섭을 통해 문제를 해결해야 할 과제들이 수없이 쏟아진다. 그래서 이제는 인문학과 자연과학에 가려진 울타리를 치우고 그것이 모두 한 눈에 들어오도록 가르쳐야 한다.

미래형 교육과정에서는 이런 통합적 창의력을 계발하는데 착안해서 새로운 커리큘럼을 짜야 한다. 그런데 이런 고도의 능력은 자질이 우수한 최상위권 학생에게만 필요할 것이라고 착각할 수 있다. 물론 수준의 차이가 나기는 하겠지만 이 능력은 우리 아이들 모두에게 필요하다. 실제로 미래를 준비하기 위해 자유로운 교육 방식을 허용하는 여러 나라에서 이런 통합적 교육이 실험되고 있고 거기서 성과를 얻어 점차 확대되고 있다.

얼마 전에 미래형 교과과정안이 발표되었다. 유사 과목을 통합하여 과목 수를 줄이는 것이 미래형 교과과정의 핵심이라고 알려졌다. 현행 교육 과정에서 드러난 문제점을 해결 하겠다는 의지가 보이기는 하나 진정으로 학생들의 창의력을 제고할 수 있는 방안인지 더 논의해 보아야 한다.

단지 현재 교과과정의 문제점에만 초점을 맞추다 보면 눈에 보이는 작은 것을 취하려다 속에 숨겨진 큰 것을 놓칠 수도 있기 때문이다. 예컨대 과목 수를 줄이려다가 과목의 수준을 낮추게 된다면 그것은 크게 잘못된 방향으로 나아가는 것이다. 일본의 유도리 교육이 실패한 이유를 세심하게 살펴서 우리는 그런 시행착오를 겪지 않도록 해야 한다.

미래에 대해 이야기하면 화두처럼 떠오르는 두 단어가 있다. 그것은 '지식기반사회'와 '글로벌 세상'이다. 글로벌 세상에 대한 준비는 별도로 논의하기로 하고 여기서는 '지식기반사회'에 대비하기 위한 교육에 대해 생각해보기로 하겠다.

지식은 그 자체로서 본질적 가치를 지니고 있다. 사람들이 최고의 가치로 꼽는 진(眞)·선(善)·미(美)에는 반드시 지식이 포함된다. 알지 못하면 진실과 덕성과 아름다움을 소유하거나 실현할 수 없다. 지식은 이렇게 소중한 것인데 정보화 사회에서는 그 가치가 더욱 커질 것이다. 정보화 사회를 다른 말로 지식기반사회(Knowledge-Based Society)라고도 하는데 말 그대로 지식과 정보가 사회의 기본과 근간이 되어 움직이는 사회를 말한다. 그래서 어떤 학자는 지식과 정보를 가진 20%의 사람이 나머지 80%를 지배하는 시대가 올 것이라고 예견하기로 했다.

할리우드 영화를 보면 미국인들의 창의성과 상상력에 놀라게 된다. 물론 관객의 흥미를 자극하는 상업성도 뛰어나지만 미래를 내다보거나 먼 우주로 나아가는 상상력의 기발함에 감탄할 때가 많다. 우리나라의 영화도 세계에서 인정을 받는 편이지만 할리우드 영화처럼 과학적 상상력이 뒷받침된 작품은 별로 없어서 섭섭하다.

이런 공상과학(Science fiction) 영화의 각본은 혼자서 쓰는 것이 아니다. 시나리오 작가와 다양한 분야의 전문가가 팀을 이루어 서로 토론하면서 한 장면씩 완성해 가기 때문에 과학적으로도 그 근거가 빈약하지 않다. 여기에는 팀 구성원의 자유로운 사고 방식이나 창의력이 집약되어 있다. 그리고 이러한 아이디어를 뒷받침해주는 막대한 자본력이 동원되어 블록버스터 영화가 완성되는 것이다. 그 영화는 세계 시장을 지배하여 투자한 금액의 몇 배를 회수하게 되는데 이런 일련의 과정을 지켜보면서 자유로운 미국 교육의 힘을 실감한다. 상상력과 창의력을 키워주어 이런 작업을 할 수 있는 인재들을 양성하는 미국 교육의 저력을 확인할 수 있다.

우리는 우리 학생들이 미국의 학생들보다 중고교나 대학에서 공부하는 시간이 훨씬 많다고 자랑한다. 그러나 많이 공부한다고 해서 반드시 좋은 것은 아니다. 그것보다는 기초 개념을 확실히 이해하는 것이 중요하다. 많이 공부해서 어려운 문제를 기계적으로 풀어내는 능력을 키울 것이 아니라 기본 원리를 이해한 다음 그것을 응용하거나 적용하는 창의력을 키워주어야 한다.

나는 고등학교 2학년 말에 미분을 배웠다. 그 당시 수학 선생님은 첫 시간에 미분의 기본 개념을 소개해 주셨는데 그 설명을 다음 또 그 다음 시간에도 반복해 주셨다. 지금 기억하기로는 아마 한 달쯤은 미분이란 무엇인가에 대해 소개하고 설명해주시는 데 시간을 보낸 것 같다. 그 바람에 나는 미분이 무엇인가에 대해 확실하게 이해하고 그것이 왜 필요한 개념인지 알게 되었다. 그것이 어려운 미분 몇 문제 더 푼 것보다 훨씬 유익했던 것 같다. 언뜻 보면 시간 낭비일 것 같던 그 당시 수학 선생님의 교육 방법이 이제와 생각해보면 가장 효율적인 방법이라고 여겨진다.

    미국 학생들이 대학을 졸업하고 대학원에 진학하면 많이 배우지 않았더라도 기본 개념은 명확하게 알기 때문에 물리, 화학, 생물, 수학 등을 연계시키는 과학, 공학 분야에서 새로운 이론을 만들어내는데 탁월하다. 반면에 우리나라의 대학원생들은 한 분야를 조금 깊이 아는 것처럼 보이지만 그 지식을 활용하는 방안에 대해서는 자신이 없는 태도를 보인다. 그것은 기초 개념을 확실하게 자기의 지식 세계에 편입시키지 못했다는 증거이다. 어떤 지식을 막연히 알고 있는 것만으로는 부족하다. 그것을 내 수족처럼 마음껏 부려먹을 수 있을 정도로 나의 것으로 만들어야 한다. 그러려면 기본 개념을 확실히 익혀야 한다.

평가의 잣대는 하나가 아니다.

오래전 2년제 대학에서 교수로 근무하는 졸업생에게서 연락이 왔다. 전문대에서도 교수 평가를 하는데 연구 업적을 제일 중요하게 여긴다고 하면서 걱정을 털어놓았다. 어느 정도의 연구 업적을 요구하는지 물었더니 서울대 수준을 요구한다는 것이다. 2년제 대학이면 학생들을 잘 가르쳐서 취업시키는 것이 첫 번째 목표여야 한다. 연구 활동은 학생들이 취업하는 산업체와의 관계를 고려하여 몇 개의 연구 과제를 설정한 후 수행하면 되는 게 아닌 가 했는데 실상은 그게 아니었다. 교수들의 연구논문 숫자로 대학을 평가하는 분위기 때문에 이런 기가 막힌 일이 생겨나는 것이다.

서울대에서의 교수 평가는 대략 교육, 연구, 봉사의 세 부분으로 나누어져 있다. 교육은 대략 강의 시간이 얼마인지, 영어 강의를 했는지 등을 기준으로 하고 가끔 학생들의 강의 평가를 참조한다. 학과장이나 전문가의 평가는 인력, 재정, 인간관계 등의 현실적인 이유로 실현되기 어려워 주로 강의 시간을 기준으로 삼으니 여기서는 큰 차이가 나지 않는다.

연구 부문 평가는 주로 논문 수를 기준으로 한다. 전문가가 아니면 논문의 수준을 평가하기가 어렵고 또 같은 전문가의 입장에서도 객관적으로 평가하기가 쉽지 않아 논문의 질을 고려하기가 힘들다. 보통 Impact factor를 기준으로 하는 경우가 있는데 이것은 그 분야 전공자의 숫자에 영향을 받음으로 객관성이 떨어진다. 세계 학회에 나아가 발표할 만한 수준의 연구 또는 학계에 큰 영향력을 주는 연구인지 등을 기준으로 하면 이상적이지만 그 기준을 설정하기가 어려워 대부분 논문 숫자를 기준으로 삼는다. 또 봉사 항목은 학교 보직이나 학회 회장을 거치면 가점을 주는 정도로 그치기에 교수들은 이에 별로 신경을 쓰지 않는다. 이처럼 교수를 평가하기가 쉽지 않고 이런 평가마저 교수 사회에서는 잘 받아들이려 하지 않는 경향이 있다. 그렇더라도 평가의 잣대를 더욱 객관화, 다양화하여 정확한 평가 기준을 세우도록 노력해야 한다. 그래서 교수들이 그 평가 결과를 납득할 수 있도록 해야 한다.

교수 평가는 주로 승진, 정년 보장 등에 활용된다. 최근에는 교수의 업적을 한 항목씩 점수화하여 평가하는 것에 이의를 제기하는 교수들이 늘어나고 있다. 그렇게 기계적으로 평가하기 보다는 외부 전문가에 의뢰하는 것이 더욱 정확할 수 있다고 보는 것이다. 이 경우에 오랫동안 같은 학문을 전공한 동료끼리 상대방을 채점하게 되거나 또 그 전문가의 전공이 다르면 객관적으로 평가할 수 있겠는가 하는 의문이 제기될 수도 있다.

바람직한 것은 교수가 도달해야 할 지표를 설정해주고 이를 평가하는 방향으로 나아가는 것이다. 예컨대 조교수에서 부교수로 승진할 때는 '객관적으로 인정할 만한 자기 나름의 연구 분야를 창출하였는가' 라는 목표를 주고, 부교수에서 정교수로 승진할 때는 '세계적으로 인정받는 학자가 되었는가' 등의 거시적인 지표를 주는 것이다. 그리고 그 목표에 도달하기 위해 교수들이 어느 정도 노력했는지 하는 성취 정도를 제3자가 평가하는 방식으로 진행했으면 한다.

미국 아이비리그의 하나인 동부 예일(Yale) 대학을 방문한 적이 있었다. 그 대학은 미국의 역대 대통령을 비롯한 수많은 지도자를 배출한 것을 자랑으로 여기고 있는 대학이다. 그 대학 총장과 점심을 나누면서 몇 가지 궁금한 것을 물어보았다. 예일 대학이 명문대학이 라고 자랑하는데 그것을 누가 어떻게 평가하느냐고 질문했다. 그러자 총장은 어떤 객관적인 지표가 있는 것이 아니라 오랜 시간에 걸쳐 사회 일반에서 평가한 것이 쌓여서 예일대의 명성이 수립된 것이라 했다. 그러면서 입학생의 수준, 예산, 교수의 숫자, 연구 논문의 숫자 등으로 계량화하여 대학을 평가하는 것보다 사회에서 인정받는 우수한 졸업생들을 많이 배출하여 인정받는 것이 가장 중요하다고 자신있게 말했다.

이어서 예일대의 교육 방법 중 자랑할 만한 것이 무엇이냐고 물었더니 그것은 'University town'이라고 대답했다. 예일대 학생들은 거기서 입학해서부터 졸업할 때까지 모두 함께 생활한다는 것이다. 저학년 때는 기숙사에서, 학년이 높아지면 좀 더 자유로운 분위기를 즐길 수 있는 University town에 모여 산다고 했다. 여기에서 그들은 친구를 사귀고 인간관계를 배우게 되는데 이것이 학과 공부 못지않게 중요하다고 했다. 학생들은 자치활동을 통해 민주시민으로서의 의무와 권리를 배우고 또 자연스럽게 지도자 수업을 하게 되는 것이다. 우리의 경우 대학 구내에서 가르치는 것만 교육이라고 생각하고, 기숙사도 학생들에게 잠자리를 제공하는 것이라는 성도로만 알고 있었는데 과연 미국의 명문 대학은 다르구나 하고 감탄했다.

우리 학과의 위치가 어디쯤 있는지 궁금하여 한번은 외국의 석학들을 초청해서 평가를 받은 적이 있다. 사전에 자료를 보냈고 그들이 이곳에 와서 며칠간 교육현장을 보았을 뿐 아니라 교수 및 학생들과 면담을 했다. 그리고 평가 결과를 발표했다. 밖에서 듣던 것과는 달리 자료 및 교육현장을 보니 우리 학과가 세계 수준의 연구 성과를 거두고 있다고 칭찬해주었다. 그러나 세계적인 인지도가 낮아서 제대로 평가받지 못했다고 자신들의 견해를 밝혔다. 그러면서 외국의 유사 학과와 비교하면 세계 10~20위권에 속한다고 평가했다. 세계적인 학술 단체에 적극 참여하는 등 세계적인 인지도를 높이는 것이 중요하다는 것을 강조했다.

대학 평가의 주요 요소는 다음과 같다. 신입생의 자질, 학생 대비 교수의 수, 교육 예산, 연구 성과, 세계화의 정도, 졸업생 및 대학의 세계적 인지도 등이다. 신입생의 자질이나 연구 성과에서 세계적 수준에 속할지라도 교수의 수가 적고 예산이 적으면 순위가 떨어진다. 심지어 외국인 학생 및 교수가 적어도 마찬가지다. 그러나 교수의 수와 예산은 쉽게 늘릴 수 없기에 외국인 학생을 늘리고 국제적 인지도를 높이려고 여러 가지 방법을 써서 노력하고 있는 대학들이 많다. 참고로 서울대에서 내놓는 연구 성과는 SCI급 논문을 기준으로 하면 세계 35위, 전체적으로는 40~50위 정도로 알려져 있다.

기업은 실적으로 평가를 받고 학생들은 학점으로 평가를 받는다. 대학과 교수만이 평가와는 거리가 먼 곳에 있는 듯하다. 평가를 하면서 단지 한 줄로 세우는 것은 여러 가지 부작용을 낳을 수 있다. 올림픽에서 많은 경기 종목의 성적을 종합하여 순위를 매기듯 다양한 기준과 방법으로 평가하는 방법을 개발해야 한다. 평가에 여러 가지 부작용이 따른다고 해서 제대로 하지 않으면 대학 발전을 기대할 수 없을 것이다.

한번은 필리핀 농촌에 있는 초등학교를 방문한 적 있었다. 교장실에 들어갔더니 한쪽 벽에 학교의 현황을 적어놓은 것이 눈에 띄었다. 재학생 수 등을 기록한 여러 항목 중에 학업 성취도 80%라는 항목이 있어서 그것이 무엇이냐고 교장 선생님께 물어보았더니 학생의 학업 성취도를 테스트하여 학교나 교사의 업적 평가에 반영한다고 한다. 우리나라 초등학교에서도 학업성취도 평가는 당연히 해야 하는데, 이런 것들은 선생님들이 좀 더 열심히 가르치는데 도움이 될 것이라는 생각이 들었다. 평가 제도가 있으면 아무래도 방심하지 않고 더욱 노력할 것이다. 이처럼 당근과 채찍을 잘 운용할 때 학교 발전에 가속도가 붙지 않을까.

대학 평가 항목 중에 배점의 비중을 높여야 할 항목은 연구 성과와 졸업생에 대한 평가 부분이라고 생각한다. 특히 세계무대에서 활약하는 졸업생들이 많은 대학에는 높은 점수를 주어야 한다. 연구 성과와 졸업생에 대한 평가 등의 항목은 수치로 나타낼 수 있는 다른 항목보다 훨씬 중요하다. 막대한 투자를 하고 장기간의 세월이 지나야 성과를 확인할 수 있는 항목이기 때문이다.

교육 행정을 맡는 입장에서는 장기적인 안목보다는 근시안적으로 수치를 올리는데 예산을 투입하려는 유혹을 받게 되는데 바로 그것이 문제다. 교육은 백년을 내다보고 계획을 세우거나 예산을 집행할 때 대학의 본질인 교육과 연구의 질을 높일 수 있다.

우리나라의 대학도 과거에 비하면 많이 변화하고 발전했다. 세계적인 학술지에 논문이 실리기만 하면 신문기사로 나왔던 50년 전과 비교하면 격세지감을 느끼게 된다. 지금은 우리의 대학에서도 심심치 않게 세계적 연구 결과가 나오고 있고 우리의 학문적 업적이 세계의 학계에 인정받는 사례가 나날이 늘어나고 있다. 정부에서도 BK-21 사업, 누리사업, WCU 사업 등을 통해 대학의 수준을 높이려고 많은 노력을 기울이고 있다. 그래서인지 최근 우리나라 대학의 평가 순위가 점차 높아지고 있다.

우리가 선진국의 문턱에 들어섰기에 세계 유명 대학과 견줄 수 있는 대학이 우리나라 안에 한 두 개로는 부족하다. 최소한 열 개 정도는 되어야 하지 않을까. 또 여태껏 대학의 발전을 연구 업적의 양을 따져 논의한다면 이제부터는 질적 수준을 따져 평가해야 한다. 아울러 대학의 졸업생들이 세계무대에 나아가 활발하게 활동할 수 있도록 지원하여 대학의 위상을 높여야 하고 세계 학회에 꾸준히 참여하여 국제적 인지도를 높여야 한다. 대학 발전을 위한 자원은 이런 목적에 맞도록 적절히 배분되고 투자되어야 한다.

4 .

대학은 학생을 위해 존재한다.

패자부활전과 경쟁을 보장한다.

미국 대학의 시스템을 보면 배울 점이 많다. 우리나라의 경우 수능시험 한 번으로 인생이 결정된다고 말하는 사람이 많은데 미국은 그렇지 않다. 패자가 얼마든지 부활할 수 있도록 배려하는 제도를 가지고 있다. 보스턴 근교에 있는 2년제 전문대학(Community college)을 방문했을 때 이런 사실을 확인하게 되었다. 단순하게 보면 4년제 대학에 가기에는 실력이 부족한 학생이 가는 것처럼 보이지만 그 속을 들여다보면 반드시 그렇지만도 않다는 것을 알게 되었다. 고등학교 다닐 때 집안 사정이 어려웠다든가 또는 철없이 친구와 어울리다 보니 공부할 기회를 놓친 학생은 2년제 대학에 갈 수 밖에 없다. 그러나 그동안 집안 형편이 좋아졌다든가 뒤늦게 철이 들어 공부할 의욕이 생기게 되어서 2년 동안 좋은 학점을 받기만 하면 언제든지 4년제 대학에 진입할 수 있는 길이 열려 있다는 것이다. 또 2년제 대학의 등록금은 4년제에 비하여 상당히 저렴한 편이라서 경제적으로 어려운 학생을 우선 2년제 전문대학에 다닐 수 있게 배려해주는 교육 시스템을 갖춘 것으로도 볼 수 있다.

실제 UC Berkeley와 같은 명문 주립대학은 정원의 20~30%를 2년제 대학을 마친 편입생들로 선발하고 있다. 우리나라의 경우에는 많은 학생들이 지방의 대학에서 수도권의 유명 대학으로 편입하려고 하여 문제가 되고 있는데 미국은 2년제에서 4년제로 진입하는 방식이라 사회 문제가 되지 않는다. 또 한 번 입학하면 대부분 졸업하는 우리의 대학과는 다르게 학점이 나쁘면 중도에 탈락시켜 졸업하지 못하게 하는 시스템을 갖추었기 때문에 무작정 명문대에만 편입하려고 하지 않는다. 먼저 자신의 능력으로 그 학교를 졸업할 수 있는지 따져보고 지원한다고 한다. 이렇게 공정한 경쟁의 룰을 확립하게 되면 각 대학에 알맞은 인재들이 배치되는 효과를 얻을 수 있다.

이처럼 패자부활전을 인정하고 공정한 경쟁을 보장하는 민주적 가치관이 미국의 교육제도를 견인하고 있는 것이다. 그런데 아쉽게도 우리 대학에는 이 두 가지 시스템이 갖추어지지 못했다. 그렇다면 선택할 수 있는 방법은 단 하나뿐이다. 무슨 수를 쓰더라도 처음부터 일류 4년제 대학에 입학해야 하는 것이다. 이렇게 해서 나이 스물도 되기 전에 인생의 성패가 결정되어 버리는 것이다. 그러니 중·고등학교 시절에 사교육에 의존하여 점수 따기 기계처럼 양육될 수밖에 없다. 한번 실수해도 다시 일어설 수 있는 시스템을 갖출 수 있다면 이런 폐해에서 어느 정도 벗어날 수 있지 않을까.

나의 큰 아이가 대학에 진학하면서 사회사업학과에 입학했다. 보람 있는 일을 할 수 있는 분야이고 여성의 직업으로도 적합하다고 생각했기에 그 분야를 선택했다. 그러나 한 학기를 다니면서 공부하다가 학업에 흥미를 잃고 말았다. 적성에 맞지 않았던 것이다. 그러다가 내가 방문 교수로 미국 대학에 갈 때 따라와서 그곳의 방문학생으로 등록하고 심리학 공부를 시작했다. 재미있을 것 같아 시작했는데 한 학기가 지나자 그것도 자신에게 맞지 않는 것 같다고 했다. 그래서 무슨 공부를 하고 싶으냐고 했더니 어릴 때부터 미술 공예가 하고 싶었는데 아빠가 그것은 취미이지 공부가 아니라고 하는 바람에 그 말을 따랐다고 한다. 이제는 그것을 해보고 싶다고 해서 금속공예 강의를 듣게 했다. 학기 중간에 숙제로 내준 작품을 제출하였더니 교수가 어떻게 이런 좋은 작품을 만들었느냐고 칭찬을 했고 큰 아이는 자신의 진로를 거기서 찾아냈다. 그래서 그곳에서 금속공예로 전공을 바꾸어 신나게 공부를 했다. 이처럼 다양한 시도를 해볼 수 있는 기회를 준 미국의 교육제도 덕택에 나의 아이는 세 번 만에 자신의 적성에 맞는 진로를 찾을 수 있었다.

우리나라에서는 대학 입학할 때 정한 전공분야를 재학 도중에 바꾸는 일이 쉽지 않다. 광역모집 단위로 입학하게 한 후 2~3학년에 올라가면서 전공을 정하라고 했더니 인기학과에만 학생들이 몰리고 몇 개의 학과는 전공하려는 학생이 거의 없는 상황이 벌어졌다. 그래서 할 수 없이 다시 세분화된 모집 단위로 학생을 선발하게 되었다. 대학 입학 시 한번 선택하면 그 분야에 평생 동안 종사하게 하는 예전의 방식으로 되돌아갔다.

이런 방식은 비교육적인 행정편의주의의 산물이다. 어떻게 스무 살 미만에 한번 정한 것을 죽을 때까지 유지하라고 강요할 수 있는가. 비유하자면 이것은 옷에다 몸을 맞추라고 강요하는 것과 다를 바 없다. 대학이 학생을 위해 존재하는 것이지 학생이 대학을 위해 있는 것은 아니다. 우리나라의 교육 시스템도 미국처럼 유연하게 바뀌어야 할 것이다.

교육 개혁을 한다고 하면 기득권에 안주하려는 교수들은 온갖 이유를 대면서 반대한다. 특히 유사학과의 통폐합 문제는 교수들의 밥그릇을 건드리는 민감한 사안이기에 난항을 겪게 마련이다. 반면에 정부는 어떤 이슈가 등장하면 단시간 내에 전국에 확대 실시하고자 서두르는 경향이 있다. 그래서 예산 등의 유인책을 동원해가면서 무리하게 추진한다. 예컨대 산업공학, 조선공학, 원자력공학 등의 학과는 서로 관련성이 없는데도 일방적으로 동일한 모집 단위로 편성한 일도 있다.

대학의 행정을 맡은 교수들은 이런 경우 딜레마에 빠진다. 옳은 방향인 줄 알면서도 자기들의 이익이나 권위를 지키기 위해

움직이려 하지 않는 교수들과 성과를 올리기 위해 밀어 붙이는 정부 사이에 끼어서 샌드위치 신세가 되어 버린다. 대학의 수준을 높이고 경쟁력을 키우려면 끊임없이 개혁을 해야 한다. 그렇다고 너무 급격한 변화를 유도하다가 다시 제자리로 돌아오는 시행착오는 피해야 한다. 그러려면 보수적인 교수나 개혁적인 관료의 입장에서가 아닌 학생의 입장에서 목표를 정하고 수단을 선택해야 한다.

외국의 사례를 보면 학교의 시스템이 학생 위주로 운영됨을 알 수 있다. 학생이 원하는 경우 몇 번이라도 전공을 바꿀 기회를 준다. 미국의 경우에도 당연히 인기학과로 학생들이 많이 몰린다. 그러면 선수과목제도를 도입하여 교육 가능한 숫자만큼 통과 시킨다. 물론 우수한 학생이 많이 몰리고 사회의 수요도 많으면 정원을 늘리는 유연성도 발휘한다. 선수과목을 통과하지 못하면 그 다음 전공과목을 수강할 수 없기 때문에 꼭 그 분야를 공부하고 싶은 학생은 몇 년씩 재수강하는 경우도 있다. 또 입학하는 과정에서 점수가 좀 부족하더라도 인기 없는 분야에서 끝까지 남아 공부하겠다는 의지를 가진 학생을 선발한다. 그런 학생들은 유행에 따라 오락가락하지 않기에 대학의 안정에도 도움이 된다.

이 사회뿐 아니라 대학에서도 패자부활전이 가능해야 한다. 또 공정한 경쟁에 의해 부적격자를 탈락시킬 수도 있어야 한다. 또 학교 다니는 도중에 전공을 바꿀 수 있는 기회를 주어야 한다. 이런 모든 제도나 절차가 대학이나 정부가 아닌 학생의 입장에서 결정되도록 해야 한다. 어떤 선택이 진정으로 학생을 위하는 것인지 심사숙고하여 대학 학사행정의 지침으로 삼아야 할 것이다.

학생 한 명은 하나의 우주이다.

대학 진학률이 높다고 해서 국가의 경쟁력이 높아지는 것은 아니다. 세계에서 가장 잘 사는 나라인 스위스나 독일을 비롯한 유럽 국가들의 진학률은 우리보다 훨씬 낮다. 교육열이 유난히 높은 우리 국민은 누구나 다 대학에 진학하는 것으로 알고 있고 이런 의식은 불필요한 학력 인플레를 초래했다. 대학 교육을 마치 의무 교육이라도 되는 듯 여기는 국민들의 의식에 부응하느라 당국에서도 대학 정원을 너무 많이 늘려 놓았다. 현재 고등학교 졸업생은 연간 65만 명인데 대학 입학 정원도 거의 비슷한 숫자이다. 그러나 10년 후면 고등학교 졸업생이 40만 명 정도로 감소한다고 한다. 그러면 정원을 채우지 못해 문을 닫아야 할 대학이 수없이 많이 생기게 될 것이다. 이 문제를 해결하기 위해서는 지금부터 차근차근 대비하지 않으면 안 된다.

우리나라의 고교 졸업생 수와 대학 진학자의 숫자가 가파르게 줄어들고 있는 반면 중국의 대학 수는 2300만명 규모로 미국의 1200만명을 추월했다. 고급 두뇌가 국가의 자산이 되는 이 시점에서 대학생의 숫자가 줄어드는 것도 걱정스러운 일이다. 고교 졸업자를 모두 대학에 진학시켜 고급 두뇌로 만드는 것이 국가 경쟁력을 강화하는 길이라고 주장하는 사람도 있다. 물론 대학 교육이 효율적으로 이루어진다면 이런 논리도 수용할 수 있다. 그러나 그것은 대학 수준이 경쟁국에 비해 현저하게 높다는 전제 아래서 성립되는 가정일 뿐이다.

고교 졸업생이 모두 다 대학에 진학해야 한다는 미신에서 벗어나야 한다. 수학능력시험에서 아주 낮은 점수를 받았는데도 대학에 진학할 수 있다면 그런 시험은 볼 필요가 없다. 이제는 개인의 소질이나 적성에 맞추어 실업계 고등학교에 진학하는 것을 부끄럽게 여기는 세태를 부끄럽게 여겨야 한다. 본인의 적성을 찾아 직업 전선에 일찍 나아가는 것이 국가 경쟁력 강화에도 도움이 되기 때문이다. 일찍 직업을 선택하고 기술을 익히는 것이 적성에도 맞지 않는 공부를 하느라 시간 낭비를 하는 것보다 훨씬 개인과 국가에 도움이 된다. 최근 개설되고 있는 마이스터 고등학교나 폴리텍 대학이 그 대안이 될 수 있도록 육성해 나가야 한다.

그 대신 일단 대학에 진학한 학생들은 철저히 교육시켜 미국이나 중국의 대학생보다 뛰어난 경쟁력을 가질 수 있도록 해야 한다. 선진국과의 경쟁을 생각하면 대학 졸업생이 많을수록 유리할 것이다. 그러나 인구가 많은 미국이나 중국과 같은 대학생 숫자를 유지할 수는 없다. 그렇다면 방법은 단 하나밖에 없다. 우리나라 대학생 한 명이 다른 나라 대학생 여러 명을 상대할 수 있을 만큼 실력을 키워주는 것이다. 앞으로의 세계는 어차피 경쟁에서 승리한 소수가 이끌고 나아가게 될 것이다. 그것은 국가 간의 관계에서도 마찬가지다. 우리 젊은이 들이 승리하는 소수 그룹에 들 수 있도록 최선을 다해 가르쳐야 한다. 그러려면 학생 한 명을 하나의 우주처럼 소중히 여기고 그들의 소질과 능력에 맞는 수준 높은 교육의 기회를 제공하여 창의적 인재로 육성해야 한다.

여기에 하나 더 고려해야 할 사항은 해외 인재를 유입하는 것이다. 글로벌화된 세상에서는 우수한 외국의 인재를 우리나라의 대학과 대학원에 받아 들어야 한다. 그래서 우리 학생들이 그들과 함께 공부하고 생활하면서 글로벌 감각을 익히도록 하면 일석이조의 효과를 거둘 수 있다. 아울러 우리의 대학에서 공부한 해외의 인재들이 우리나라에서 또는 출신 국가에서 사회에 기여하도록 하는 것이 우리의 국익에도 도움이 된다. 그들의 뇌리에 우리나라에서 공부한 기억이 남아있는한 우리나라에서 받은 혜택을 되갚아 주기 위해 노력할 것이다. 이처럼 우리 자녀만이 아니라 해외의 인재를 키울 때도 정성을 다해야 한다. 그것이 지구촌 시대의 우리 대학이 지향하는 가치로 정립될 때 세계적 경쟁력을 유지할 수 있게 된다.

동남아시아를 방문하여 대학교수, 연구원, 공무원, 기업체 임원 등을 만나 인사를 나누다 보면 그들 중 상당수가 일본에서 공부하여 학위를 받았다는 사실을 알게 된다. 이렇게 일본은 예전부터 동남아시아의 여러 국가와 협력관계를 맺는데 적극적으로 참여했다. 일본의 대학에서는 동남아 국가의 유학생을 많이 받아들여 교육시켰다. 경제대국인 일본의 저력을 실감하게 된다.

얼마 전에 필리핀에서 개최되는 국제회의에 참석했을 때도 동남아시아에서 일본의 영향력이 막강함을 확인할 수 있었다. 회의의 주체는 필리핀 대학이지만 알고 보니 이 대학은 일본이 지원하는 해외거점 대학이었다. 그 국제회의의 후원 기관도 일본의 학술진흥재단이었는데 그 대학에 동남아시아와 아프리카에서 온 유학생들이 많이 있었다. 물론 그들의 학비도 일본에서 지원한다. 이와 같은 투자는 언제인가는 일본으로 이자까지 붙어서 되돌아올 것으로 예상되었다. 우리도 이런 일본의 사례를 보고 배워야하겠다. 그것이 후진국을 도우면서도 우리의 국력을 신장시킬 수 있는 방안이 될 수 있는 거니까.

아직도 우리의 뛰어난 인재들이 미국 등 선진국으로 유학을 떠난다. 아직은 우리가 선진국에서 배울 것이 많이 있겠지만 서운한 느낌이 드는 것은 어쩔 수 없다. 우리 대학이 세계 최고 수준이 될 때까지 인재의 유출을 막을 수는 없을 것이다. 여기서 생기는 문제점은 외국으로 유학 가는 우수한 인재를 대치할 만큼 외국에서 인재를 받아들이지 못하고 있다는 점이다. 우수한 학생이 빠져

나간 대학 캠퍼스에 그만한 인재를 채워 넣지 못해 공백이 생긴다면 그 대학은 세계에서 손꼽는 명문 대학이 될 수 없다.

최근 서울대 공대의 몇 학과에서는 우수한 인재를 찾기 위해 동남아 국가의 대학을 방문하는 등 적극적으로 유치 정책을 펼치고 있다. 그런데 그들은 한국보다는 미국이나 일본의 대학을 선호한다. 만일 선진국의 대학에서 경제적 지원을 받지 못할 경우에 우리나라에 오려고 생각하는데 선뜻 그들을 받아들이지 못해 안타깝다. 아직 우리의 재정적 지원이 너무 부족하기 때문이다. 우리 대학이 세계 수준의 대학으로 발전하기 위해서는 이 부분에 집중적으로 투자해야 한다. 우리의 세금으로 외국인 학생을 가르치는 것이 잘못 되었다고 생각한다면 이런 발상은 시대착오적인 것이다. 미국이 세계를 지배하는 힘을 가지게 된 배경에는 미국에서 교육받은 각 국 지도층의 힘을 무시할 수 없다. 우리 대학에서 외국 인재를 가르치는 것은 미래를 위한 훌륭한 투자이다.

21세기에 이르러 우리사회에는 세계화의 길로 나아갈 수밖에 없는 환경이 조성되고 있다. 여태까지 우리 학생들은 대부분 국내에서 교육받고 직장을 구했다. 그러나 글로벌 시대에는 우리 학생들도 국내에서만 교육을 받는 것이 아니고 외국이나 또는 국내에 있는 외국 교육기관에서도 교육을 받을 수 있다. 또 국내에서만 직장을 구하는 것이 아니고 외국에서 일자리를 얻거나 국제기관에 취업하기도 한다. 통신과 교통의 발달로 지구는 한 울타리 안의 마을처럼 되었고 FTA의 확대에 따른 글로벌화는 가속화되고 있다. 또 우리나라의 경제 규모가 커짐에 따라 세계에서 차지하는 우리나라의 위상이 높아지고 있다. 우리나라의 상품이 세계 방방곡곡으로 수출되고 있고 우리 젊은이들도 좁은 국내에서 벗어나 세계로 나아가려는 진취적 기상을 가지고 있다.

그렇다면 우리도 외국의 문물과 인재를 받아들이는 열린 마음을 가져야할 것이다. 우리의 자녀뿐 아니라 세계의 인재들을 불러들여 교육시키는 것도 세계화 추세에 따르는 시책이 될 수 있다. 현재 우리나라 고등교육 기관의 외국인 비율은 0.7%로 OECD 평균인 9.7%에 크게 미치지 못한다. 글로벌화 되는 이 시대에 뒤떨어지지 않으려면 평균치에는 이르도록 외국의 우수 인재를 받아들여야 한다. 그것이 국위를 선양하고 세계화 시대에 발을 맞추는 교육정책이 되는 것이다.

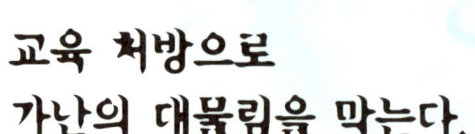

교육 처방으로
가난의 대물림을 막는다.

대학시절 읽었던 책 중에 "억눌린 자의 교육(Pedagogy of the Oppressed)"이라는 것이 있다. 1950년대 남미에서 신부들이 가난한 문맹자들에게 글을 가르치며 동시에 의식화를 시킨다는 내용이다. 예를 들면 '집'이라는 글을 가르칠 때 판잣집과 호화주택 그림을 함께 보여주면서 누구는 판잣집에서 가난하게 살고 누구는 좋은 집에서 편안하게 사는 이유를 묻는 식이다. 그러면서 호화주택에 사는 이들은 대부분 가난한 이들을 착취해서 번 돈으로 살고 있는 나쁜 사람이라는 인식을 심어주는 것이다. 이런 일련의 교육을 통하여 노동자, 농민을 의식화시켜 기득권 세력에 맞서서 투쟁하도록 했다.

이러한 방식의 교육은 사회 발전보다는 갈등을 조장하여 사회

혼란을 초래하게 하지만 그렇다고 사회 구조의 모순을 방치하는 것도 정의롭지 못하다. 가난의 대물림을 막는 방법으로 여러 가지 사회적 대책을 세울 수 있을 것이다. 그 중에서 교육을 통해 신분 상승의 기회를 공정하게 보장하는 방법이 가장 효율적이다. 그러기 위해서는 사교육 시장의 팽창을 막고 공교육을 정상화해야 한다. 그리고 대학입시에서도 농어촌이나 빈민층 자녀에게 더 많은 입학 기회가 주어지도록 문호를 넓혀야 한다.

　얼마 전 선생님들의 모임에 참석하여 교육 전문가의 발표를 듣게 되었다. 최근 학생들의 학업 성취도를 분석해 보니 주요 과목에서의 성적은 소득 수준과 어느 정도까지는 비례하는 것으로 나타났다는 것이다. 잘 사는 집의 학생들의 성적이 좋은 까닭은 상대적으로 사교육 기회가 많았고 또 부모들의 자녀 교육에 대한 관심과 정보력 등의 여러 원인을 찾아볼 수 있을 것이다.

　그렇다면 소득 수준이 낮은 가정의 자녀는 어떻게 도와주어야 할까? 사교육이 별로 필요하지 않도록 공교육을 강화하는 방안 외에는 대안이 없다. 공교육을 정상화 하려면 수준별로 학생 능력에 맞춘 교육을 제공하여 그 누구도 교육에서 소외되지 않도록 해야 한다. 그러나 이것만으로는 부족하다. 학교에 상담 선생님이 상주하여 3년간 친부모와 같이 관심을 가지고 학업이나 진로 지도를 해주는 방안을 모색해 보자. 지금 일 년 정도씩 담임하는 것으로는 학생을 제대로 파악할 시간이 없다. 또 사고를 저지른 문제 학생을 위주로 한 생활지도만으로 그쳐서는 안 된다. 상담

교사를 대폭 늘려 모든 학생에게 골고루 관심이 가도록 3년간 꼼꼼하게 지도해 주어야 사회적 약자의 어려움을 극복하는데 도움이 될 것이다.

지금처럼 고교평준화정책을 유지하고 수학능력고사 문제를 쉽게 출제하는 것이 과연 가난한 학생들을 위한 현명한 조처인지 생각해 보자. 고교가 평준화 되었으니 좋은 고등학교에 가기 위해 사교육을 받을 필요가 없다. 또 수능이 쉬워서 단순 지식만 반복적으로 외우고 기본 문제만 연습하면 웬만큼 수능 점수가 나오니 학교의 공교육으로 충분하다. 그러면 고교 과정에서도 사교육을 위한 돈 걱정은 하지 않아도 좋다. 그래서 정부는 이 두 가지 정책을 포기하지 못한다. 그런데 과연 그럴까?

우리 고등학교의 교육은 수능의 수준을 그대로 따라간다. 또 수능시험에 해당되지 않는 과목은 실제로 부실하거나 명목상으로만 하는 체 하고 있다. 고교교육이 정상화 되지 못하고 전인교육을 포기하다시피 하게 된 원인은 수업을 대학 입시 준비로만 알고 있기 때문이다. 지금과는 반대로 오래 전 수능문제를 어렵게 출제했던 시기가 있었다. 어려운 수능에 대비하기 위해 사교육이 성행하게 되었다. 그런 부작용을 해소한답시고 수능의 난이도를 대폭 낮추어 오늘에 이르고 있는 것이다.

여러 상위권 대학에서는 이렇게 쉬운 수능으로는 학생의 실력 차를 가름할 수가 없다고 하여 논술, 심층면접, 적성검사 등의 또 다른 시험을 치르고 있다. 이런 상황에서 매년 수능시험이 끝나면 사교육 시장은 더욱 번창해질 수밖에 없다. 학생들이 다시 논술과 면접 준비를 해야 하고 각종 매스컴에서도 수능 이후의 수험 준비 관련 방송으로 떠들썩하다.

이렇게 따지고 보면 수능시험이 쉬워졌다고 해서 사교육이 줄어들었다고 말하기는 어렵다. 또 빈곤층의 자녀가 이런 시험 때문에 유리한 입장에서 대학에 진학할 수 있다고 말할 수도 없다. 오히려 수능시험의 수준에 맞추어 창의력과는 관계가 없는 단순 지식의 반복 학습 또는 객관식 문제를 푸는 요령 등을 배우는 질 낮은 사교육이 늘게 되었다. 그래서 오히려 사교육비용이 더 늘어났다고 하소연하는 학부형도 많다.

이런 상황에서는 학생과 학부모 모두 피해자가 된다. 학생은 수준 높은 학습을 받지 못하게 되고 학부모는 여전히 사교육비를 지출하게 된다. 일부 대학에서는 변별력을 가진 다른 시험을 부가적으로 치르게 한다. 그래서 논술이나 면접 등 다른 유형의 사교육이 독버섯처럼 번창한다. 그러면 오히려 가난한 집 아이들은 대학의 문과 더 멀어지게 된다. 이처럼 수능의 수준을 낮추어 교육의 문제를 해결하려는 방식은 성공하지 못했다. 공부를 싫어하는 학생들과 일부 교육 당국자의 마음을 편하게 해주었는지 모르겠지만 학생들의 학력을 키우지 못한다는 점에서 실패한 정책이라고 판단된다.

자질이 우수한 상위권 학생들에게는 그들에게 맞는 어려운 문제에 도전할 수 있는 기회를 많이 주어야 한다. 오래 생각해야 착안을 할 수 있고, 기초개념이 완벽해야 해답을 찾을 수 있고 타 분야와의 통합교과적 지식을 다루는 문제 등을 주어 우수한 자질을 평가받을 수 있도록 하자. 무한경쟁의 세계화 시대에 우수한 인재들에게 쉬운 문제만 반복해서 풀도록 하는 것은 지식의 하향평준화로 인재들의 성장을 가로막는 길이다.

부모의 경제력이 뒷받침되는 한 어느 정도 사교육비가 투입된다는 것은 인정하자. 그리고 사교육이 공교육의 미비점을 어느 정도 보완해준다는 점도 인정하자. 사교육비라도 자녀들의 수준 향상과 능력 개발에 생산적으로 쓰인다면 별로 아깝지 않을 것이다. 오히려 그런 돈이 학생들의 창의력을 꺾고 공부에 염증을 느끼게 하도록 쓰인다면 우리는 과감히 그런 사교육을 배척해야 한다.

교육의 최종 목표는 학생의 소질과 적성을 살려주고, 문제해결 능력을 키워서 이 험한 세상을 헤쳐 나갈 수 있게 도와주는 것이다. 이런 능력을 키워주는 길만이 가난의 대물림을 물리칠 수 있는 교육의 처방이다. 그러기 위해서는 실력이 부족하거나 가난한 학생들도 교육에서 소외되지 않도록 수준별 수업을 받도록 배려해야한다. 그런가 하면 상위권 학생들은 어려운 과제에 도전해서 그것을 성취하는 기쁨을 맛보도록 해 주어야 한다. 국가적인 관점에서도 난관을 극복할 수 있는 의지를 가진 창의적 인재를 많이 키워야한다.

학생의 수준에 맞는 교육을 해야 교육의 낭비를 막을 수 있고 사교육의 필요성도 훨씬 줄어들게 된다. 그렇게 되면 공교육과 사교육이라는 이중 부담에서 학생들을 풀어줄 수 있다. 현재와 같이 평준화된 상태에서는 우수한 학생들은 공부가 너무 쉬워서 흥미를 잃고, 실력이 부족한 학생들은 수업 내용이 어려워 알아듣지 못해 학교 밖의 사교육에 의존하게 된다. 또 그럴수록 공교육의 붕괴는 가속화되는 악순환이 계속된다. 학생들은 자기 수준에 맞는 수업을 받을 권리가 있고 선생님들은 학생들의 수준에 맞추어 가르칠 의무가 있다.

일부 고등학교에서는 대학에 진학할 학생만 집중 지도한다. 그러면 나머지 학생은 교육을 제대로 받지 못해 자기 발전의 기회를 놓치게 된다. 실력이 뒤진다고 해서 또는 문제가 있다고 해서 외면하면 그 학생들은 신분상승의 기회를 얻지 못한다. 따라서 학생을 수준별로 나누어 문제해결 능력을 가르쳐야 한다. 그래야 가난의 대물림이 없어질 수 있는 것이다. 교육 당국도 수준 학습을 부분적으로 지원하고 있으나 이것만으로 문제가 해결되는 것은 아니다. 가용한 교육 재정을 이 부분에 우선순위를 두어 집중 투자하여 수준별 학습이 전면적으로 실시되도록 해야 한다.

오래 전에 학생이나 학교의 학업 성취도가 공개되어 잘 사는 집의 자녀와 그렇지 못한 자녀, 또는 여건이 좋은 학교와 그렇지 못한 학교가 공개 되었고 이것이 뜨거운 감자가 되어 사회를 시끄럽게 했다. 이런 상황임에도 평준화 정책과 쉬운 수능을 계속 유지하고 있는데 위에서 살펴본 바와 같이 이것은 성공하지 못했다. 이제는 학교별 또는 학생별 학업 성취도에 관한 정보가 어느 정도 공개되어 알 만한 사람은 모두 다 알고 있다. 이런 환경에서 학교의 수준과 학생들의 실력 차이를 인정하고 거기에 맞는 대책을 세우는 것이 현실적인 방안이다. 문제를 직시하여 문제의 핵심을 보아야 하는데 지금 변죽만 울리고 있는 것이다.

국가는 사회적, 경제적으로 어려운 여건에 있는 학교와 학생들을 위해 더 많은 예산을 배정해야 한다, 그리고 다양한 유형의 학교를 세우고 모든 학교에 수준별 학습을 실시해야 한다. 대학에서는 다양한 입시 전형을 실시하여 공교육을 살리는 방향으로 정책을 펼쳐야 한다. 필기시험만으로 학생의 능력을 평가하려 하기보다는 고등학교 생활의 모든 활동이 입시 전형의 근거가 될 수 있도록 해야 한다.

좋은 환경에서 곱게 자란 아이들을 온실에서 자란 화초로 비유하며 이런 사람들이 난관에 봉착하면 극복하려는 의지가 부족하다고 말하는 사람들이 많다. 난초를 키우는 경우 생육 환경을 너무 좋게 해주면 꽃을 피우지 못한다. 포도도 영양분을 충분히 공급해주면 포도 알은 커지지만 향기는 줄어들어 포도주용 포도는 좀 척박한 환경에서 키운단다. 성공한 사람들 중에도 어린 시절의 열악한 환경을 극복한 이들이 많다. 경제적 또는 가정적 여건이 어려운 학생들이 어려움을 이겨내고 훌륭하게 자랄 수 있도록 해야 한다. 야생에서 자라는 꽃도 활짝 꽃을 피울 수 있도록 도와주는 것이 우리의 의무다.

대학은 평생 교육의 장이다.

얼마 전에 시카고 시내 중심가에 있는 루즈벨트 대학 (Roosevelt University)을 방문하였다. 30층짜리 건물 하나가 대학인데 총장 집무실은 맨 위층에 있었다. 총장에게 루즈벨트 대학의 교육철학에 대해 물었다. 그러자 총장은 시카고에 있는 명문 노스웨스턴 대학(Northwestern University) 또는 인근의 주립대학은 일반적으로 전일제(full time) 학생들이 다니지만 루즈벨트 대학은 일하면서 공부하는 학생들을 가르치는 것이 주요 임무라고 하였다. 주경야독으로 실력을 키워 신분 상승의 기회를 얻도록 도와주는 것이다. 학생은 주로 시간제(part time)학생이고 대체로 저녁시간에 강의가 있다. 개설 과목도 직장인에게 필요한 것들로서 예컨대 경영관련 과목이 주를 이룬다고 하였다. 최근 한국에서 유학생들이 많이 오는데 유학생들은 규정상 전일제 학생으로 등록해야 하므로 수업료를 많이 내주어 학교 재정에 큰 도움이 되고 있다는 말도 덧붙였다.

우리의 경우 산업체 종사자들을 위한 산업대학을 만들었다가 이후 주간에 강의하는 4년제 종합대학으로 바꾼 다음 과학 기술 대학으로 명칭을 바꾸고 있다. 이런 우리의 현실을 생각해 보면 대도시의 시간제 학생을 주 대상으로 하는 루즈벨트 대학은 뚜렷한 자기 정체성을 가지고 있는 대학이라는 생각이 들었다. 우리도 패자부활전을 보장하기 위해 산업대학 체제를 유지하는 게 좋겠다.

최근 우리 사회의 눈에 띄는 변화 중에 하나는 급속한 고령화 현상을 들 수 있다. 보건의료 기술의 발달로 인해 평균 수명이 길어지게 되었는데 퇴직하거나 은퇴하는 나이가 60세 전후로 변화가 없다. 일부 기업에서는 50세 전후에 벌써 명예퇴직을 권하기도 한다. 실제로 60세 이후에도 얼마든지 사회적 활동을 활발하게 할 수 있는데도 사회에서 밀려나 노년을 할 일 없이 보낸다. 그리고 나머지 3~40년을 부양받으며 살게 되어서 젊은이들에게 경제적 부담을 지게 하여 큰 사회 문제가 되고 있다. 이런 고령화의 문제를 해결하는 최선의 방안은 당연히 은퇴하는 시기를 지금보다 늦추는 것이다. 그 다음은 노인들의 일자리를 만들어 주는 것인데 취업하기 전에 대학 시설을 이용하여 철저한 평생 교육을 실시하기를 제안하고자 한다.

고령사회의 문제는 여러 선진국들도 해결하지 못한 난제다. 노인들이 제2의 인생을 시작할 수 있도록 교육을 받도록 해서 재취업하는데 도움을 주는 것도 그 해결책이 될 수 있을 것이다. 과학기술과 정보통신의 발달로 하루가 다르게 변화하고 발전하는 이 사회에 적응할 수 있도록 도와주는 것이다. 그들이 3~40년 전 배웠던 지식만으로는 이 시대에 살아남을 수 없기 때문이다. 은퇴 후의 제2의 인생에서 반드시 그 전에 했던 일을 계속하라는 법은 없다. 전혀 해본 적이 없는 새로운 일을 시작할 수도 있다. 그러자면 공부의 필요성은 더욱 커지게 된다.

무슨 일을 어떻게 해야 할까? 그런 질문에 답은 개인별로 다르기 때문에 정답은 없다. 그러나 사회가 어떻게 변화하고 있는지, 어떤 일이 잘 맞는지에 대한 정보를 개인에 따라 제공하고 그들이 스스로 생각하고 결정할 수 있도록 도와 주어야 한다. 노인들에게 새로운 학창시절을 보낼 수 있는 기회를 주면서 대학의 시설과 인프라를 활용하도록 하면 구조조정으로 폐쇄되는 대학의 문을 닫지 않아도 된다.

대학생의 숫자가 줄어들어 대학의 구조조정이 필요하다. 많은 돈을 투자하여 세운 대학의 시설과 건물을 폐기하지 말고 평생교육의 장으로 쓰면 자원 낭비를 막을 수 있고 국민의 수준을 높이는데 도움이 된다. 꼭 젊은 사람만 배우라는 법은 없지 않은가. 지금 우리나라의 대학에는 평생교육과 관련되는 인프라가 잘 갖추어져 있다. 따라서 이런 목적으로 별도의 학교 시스템을 만들 필요는 없다. 다만 대학에서 이런 일에 관심을 가지고 실질적으로 일을 할 수 있도록 정부에서 지원해 주면 된다. 그래서 없어질 대학이 살아남고 그 교정에서 직장인들과 노년의 대학생들이 새로운 인생을 설계하도록 도와주자는 것이다.

5 .

과학 기술은 학생의 자산이다.

학문에는 문과와 이과의 칸막이가 없다.

과학은 지식기반 사회를 살아가기 위한 기초 소양이며 문제 해결 능력과 창의성을 계발시키는 도구이며 국가 경쟁력을 결정하는 주요인이므로 과학 교육이 가지는 의미는 매우 크다. 그래서 학교에서는 탐구생활을 강조하고 있고 수업시간에도 실험 실습을 장려하는 등 과학교육을 중시한다. 국가에서도 과학관을 건립하여 아동들에게 과학을 접할 기회를 제공하는 등 과학교육에 많은 예산을 투입하고 있다. 요즘 어느 숲에 가면 해설사가 등장하여 현장에서 나무와 숲과 거기에 서식하는 생물 등에 관해 설명해주는 산교육을 해주고 있는데 그것도 좋은 사례라 할 수 있다.

현재 우리나라의 과학 교육 현황을 살펴보면 그래도 중학교까지는 그런대로 과학교육이 잘 이루어지는 편이다. 문제는 고등학교의 과학 교육이다. 고등학교의 과학 시간에는 약간의 동기 부여를 하고 과학 원리를 설명하고 관련 실험을 보여주면 끝난다. 학생의 손으로 직접 실험을 하게하고 과학에 흥미를 느낄 수 있도록 충분한 동기 부여를 하는 시간은 거의 없다. 이것이 우리나라 과학교육의 현실이다. 기초 개념에 관한 공부는 하겠지만 심화 교육이나 응용 마인드를 주는 교육이 이루어지고 있지 못하다, 이것이 우리 과학교육의 한계이지만 세계 여러 나라도 우리와 같은 고민을 하고 있다. 그러나 최근 선진국을 중심으로 과학, 수학, 공학, 기술을 연계하고자 하는 노력을 보이기 시작했다. 또 과학과 인문 분야를 연결시키는 소위 통합형 교육이 선을 보이고 있다.

이렇게 변하는 과학 연구 분위기 속에서는 새로운 질문이 나오기 마련이다. 과학적 지식을 우리 생활에 이렇게 활용할 수 있는지, 실용화하기 위해서는 더 연구 되어야 할 부분은 무엇인지, 과학의 발달이 우리 생활과 사회를 어떻게 변화시키는지와 같은 질문은 학문의 융합을 통한 연구를 해야만 해답을 찾을 수 있다. 또 이런 새로운 질문에 답하려고 노력하는 가운데 학생들은 과학에 흥미를 느끼게 되고 창의적 의견을 제시하게 된다. 이런 학문 연구의 변화에 따라 우리의 과학교육도 변해야 한다.

위에서 고등학교 교육의 문제점을 잠시 언급한 바 있는데 과학 교육을 어떻게 변화시켜야할지 알아보도록 하자. 고등학교 학생들은 수능시험에 출제되지 않는 과학 교과목에 관심을 가지려고 하지 않는다. 현재의 입시제도에서는 수능에서 물리, 화학, 생물, 지구과학 중 한 과목만 선택하면 되니 나머지 과목은 공부할 필요가 없다. 그러다 보니 고등학교 일학년 과정에서 배우는 공통과학이 고교 졸업생이 가지는 과학적 소양의 거의 전부이다. 그 알량한 지식으로는 과학기술시대의 지식기반사회에서 성공적으로 살아갈 수 없다. 게다가 실험은 수능시험과 거리가 멀어 수업시간에 생략되는 경우가 많다. 이런 상황에서는 과학에 소질이 있는 학생도 과학에 흥미를 잃게 된다.

우리가 가지고 있는 자원이라고는 인적 자원 밖에 없다. 우리의 미래를 이 인적 자원에 의탁해야 한다. 그러자면 창의적 인재를 많이 키워내야 한다. 머리가 좋은 학생들을 모두 과학자로 육성하자는 얘기는 아니다. 우리의 자녀들에게 기초가 되는 과학적 소양 정도는 길러 주어야 한다는 것이다. 그래야 국제 경쟁에서 살아남을 수 있다. 그런데 지금 우리의 과학교육은 우리가 희망하는 곳으로 나아가지 못하고 있다.

과학 공부시간이 재미있으면 좋겠다. 실험도 하면서 호기심을 키우면 좋겠다. 과학 지식을 응용하면서 창의성과 꿈을 동시에 키울 수 있으면 얼마나 좋을까. 우리 자녀들의 장래와 국가의 미래를 내다보면서 노과학자들은 이런 생각들을 할 것이다. 그런데 현실은 그런 기대와는 달리 이과 기피현상으로 수준 높은 학생들이 지원하지 않는다. 문과를 지망하는 학생들은 고1에서 배운 공통과학으로 과학 공부를 끝내고 이과 계열 학생들도 한 분야만 공부하면 된다. 과학교육의 생명은 실험에 있는데 실험하는 그림만 보고 지나간다. 이런 학생들이 이공계 대학에 입학하고 그들에게 우리의 미래를 맡겨야 한다.

과학 고등학교와 과학 중점 고등학교 시스템으로 이공계 인재를 키워서 이런 현상을 극복할 수 있을까? 부분적으로는 문제해결이 도움이 되겠으나 그런 학교의 학생을 모두 합쳐 몇 명이나 되겠는가? 그런 대책으로는 국민의 과학 수준을 높이는데 한계가 있어 앞으로 세계무대에서 우리나라가 경쟁력을 유지할 수 있을지 의문이다. 근본적인 해결책을 제시하자면 그것은 과학 교육을 개혁하는데 있다. 첫째로는 과학 교과서를 바꾸고 둘째로는 문과와 이과의 구분을 없애고 셋째로는 대학 입시 제도를 바꾸어 고교 과학 교육을 정상화해야 한다.

오래 전 고등학교 기술 교과서의 생물 기술 부분 단원을 집필할 기회가 있었다. 무슨 내용을 얼마나 쓸 수 있는지 안내 자료가 주어져서 거기에 맞추어 쓰다 보니 생물 기술에 관한 요약문을 쓰는 기분이 들었다. 이렇게 간략히 써서 학생들이 흥미를 느낄 수 있을까, 내용을 깊이 있게 이해할 수 있을까 하는 걱정이 끊이지 않았다.

나의 고교시절에 생물 선생님은 미국 생물 교과서(BSCS)를 보여주시면서 그 내용을 많이 소개해주셨다. 그때부터 나는 생물에 관심을 가지게 되었고 지금은 생물공학 분야의 연구와 강의를 하게 되었다. 생물 선생님의 동기 유발로 나는 그분과 같은 길을 걷게 되었는데 지금도 고개를 숙여 감사를 표하고 싶다.

　미국에 교환 교수로 가서 지낼 때 아이가 미국 고등학교에 다니게 되었다. 그때 미국 학생들의 생물 교과서를 훑어보았는데 교과서의 두께에 우선 놀랐다. 기초 이론, 시대적 배경, 실생활과 관련된 부분, 관련 인물 소개, 심화 내용, 생각할 문제 등 다양한 내용을 포함하고 있어서 교과서는 1000페이지가 넘었다. 우리나라 교과서는 200페이지 정도이니 미국 교과서의 내용은 10배 이상 많고 풍부하다. 그래서 따로 참고서를 구입할 필요가 없을 정도로 읽을거리가 많았다.

　그곳의 대학에서 과학교육을 전공하는 교수를 만나서 얘기를 나누었다. 미국에서는 과학 교과서를 어떻게 집필하는지 물었다. 교육학, 과학, 과학교육학, 공학의 배경을 가진 연구원, 교사, 교수, 회사원 등 다양한 배경을 가진 사람들을 모아 팀을 구성하고 교과서 관련 논의를 한다고 한다. 관련된 전공을 한 소수의 인원이 모여 제한된 지면을 할당받아 단시일 내에 집필해야 하는 우리의 사정과는 딴판이라 부럽기만 했다.

　그래도 최근에는 물리, 화학, 생물, 지구과학 등 과학 과목의 교과과정을 논의하면서 수능에서 선택하는 학생이 많아지도록 하기 위해 학생들이 흥미를 가질 수 있도록 만들려고 노력하고 있다. 또 공통 과학 부분도 각 과목을 통합하고 연계시켜 새로운 내용을 담으려고 하니 과학 교육에도 변화의 바람이 불고 있음을 알 수 있다. 그러나 아직 갈 길은 멀다. 과학 교과서 개편이 과학교육

126

의 변화와 발전으로 나아가는 첫 걸음이다. 우리도 참고서가 필요하지 않은 풍부한 내용을 가진 과학 교과서를 만들어야 한다.

오래 전부터 고등학교에서는 학생들을 문과와 이과로 나누어 가르쳤다. 그것은 법적인 근거가 있는 것이 아니라 교육 편의상 나눈 것인데 이제는 관례처럼 되어버렸다. 이런 관례가 자리 잡게 된 것은 대학에서 학생을 선발하는 기준을 크게 문과와 이과 계열로 나누었기 때문이다. 최근에는 이를 더 세분화하여 어문계열, 사회계열, 과학계열, 공학계열 등으로 나누어 교육시키는 고등학교가 늘어났다. 대학에서의 선발 방법과 기준이 다양해지니 고등학교에서는 거기에 맞추어 가르치지 않을 수 없을 것이다. 이렇게 보면 학교 측의 세심한 배려에 감사해야 하겠다.

그런데 이러한 구분은 근본적으로 몇 가지 문제를 안고 있다. 가장 큰 문제는 한번 계열을 선택하면 다른 계열로 바꾸기가 디어려워졌다는 점이다. 고등학교 일학년 때 생각해보고 결정한 것을 평생 바꿀 수 없는 제도라면 이는 크게 잘못된 것이다. 그리고 21세기 융복합 지식기반사회에 대비하려면 고등학교 과정에서 인문사회 과목과 자연과학 과목을 골고루 가르쳐야 한다. 너무 일찍 한쪽으로 치우치는 편식하는 공부를 하게 해서는 안 된다. 학문 분야의 칸막이를 걷어내어 융합을 지향하는 시대의 흐름에 맞추기 위해서라도 이런 폐습은 하루라도 빨리 시정되어야 한다.

이 문제를 해결하기 위해서는 학생이 계열을 선택하는 방식 대신 과목을 선택하는 방향으로 바꾸면 된다. 대학에도 수많은 선

127

택 과목이 있지만 대부분 별 문제없이 교육이 이루어진다. 고등학교라고 해서 이 방법을 쓰지 못하라는 법은 없다. 교실 이동 수업과 수준별 수업을 병행하면서 이 방법을 쓰는 것이 최선이라 여겨진다. 고등학교라고 하면 한 반에서 같은 학생들과 같은 시간에 수업을 해야 한다는 고정관념에서 벗어나야 한다. 또 대학의 학생 선발 방식에 맞추는 교육을 생각하지 말고 고등학교 교육에 맞추어 대학의 전형 방식이 이루어져야 한다는 발상의 전환이 있어야 한다. 고등학교는 정상적으로 수업을 하고 대학에서 알아서 그 대학에 맞는 학생을 뽑아가라고 하면 된다. 교육 당국의 간섭 없이 대학에 학생 선발권을 주면 대학들도 이런 제의에 흔쾌히 응하리라 본다. 주객이 전도된 현재의 입시정책은 이렇게 정상을 되찾아야 한다.

대학수학능력시험에서 자연계열에 지원하는 학생은 전체 수험생의 30% 수준에 불과한데 그 이유는 수학, 과학 과목을 어렵게 여겨 회피하기 때문이라고 한다. 어릴 때 수학, 과학 과목의 성적이 좀 떨어진다고 해서 과학적 인재가 되지 말라는 법은 없다. 천재성을 뒤늦게 발견하는 경우도 많다. 고등학교에서 문과, 이과의 구별을 없애고 고등학생이라면 누구든 인문, 자연계 과목을 어느 수준 이상 공부하게 하면 이런 폐단에서 벗어날 수 있을 것이다.

교육당국은 학생들의 입시 부담을 덜어준다고 응시 과목을 줄이려고만 하는데 그것보다는 고등학교 교육을 정상화한다는 방침을 우선해야 한다. 고등학교에서도 많은 과목의 수업을 하되 학생에게 선택권을 준다면 수능 과목이 아니라 해서 교실에서 수업 시간에 잠을 자는 학생은 없어질 것이다. 학생들에게 여러 가지 공부를 시켜보고 자기에게 알맞은 적성을 스스로 찾아보도록 하는 것이 가장 좋은 방법이다. 너무 일찍 문과니 이과니 해서 학생의 진로를 한정시키는 처사는 비교육적이다.

지금은 그렇지 않지만 예전에는 인문계 학생은 수학의 미적분에 관한 공부를 하지 않아도 되었다. 그런데 사실 미분 개념은 인문사회계로 진학하는 학생도 꼭 알아두어야 할 중요한 것이다. 미분은 시간에 따른 변화를 논리적으로 표현하는 개념이며 인문사회 계열에서도 사회 현상의 변화를 탐구하는데 응용할 수 있는 유용한 지식이다. 이런 수학적 이론은 이공계 학생에게만 필요한 것이 아니라 고등학생이라면 누구나 배워야할 중요한 지식이다. 그런데 문과니 이과니 칸막이를 해놓고 한정된 지식만을 배우게 하는 것은 잘못된 교육 방침이다.

지금까지는 자기의 전공 분야만 열심히 하년 학사 내접을 받고 존경을 받았다. 아니 오히려 그 전공에 깊숙이 파고 들어가 남들이 알아듣지도 못할 언어를 늘어놓으면 학식이 많은 것으로 간주되었다. 그런데 이제 한 분야만 정통하다고 해서 유능한 인재가 되는 것은 아니다. 관련되는 분야의 지식을 총체적으로 알아야 한다. 그러기 위해서는 전공의 울타리를 벗어나 타학문과의 접점을 찾는 능력이 필요하다.

129

그런 예를 들어보자. 20년 전에 로봇을 포함하는 메카트로닉스(mechatronics;mechanics 와 electronics 의 합성어)는 기계공학과 전기공학이 결합된 분야로서 기계공학 전공자는 전기공학자와 소통할 수 있어야 하고 반대로 전기공학자는 기계공학자와 소통할 수 있어야 했다. 그래야 새로운 기능을 가진 로봇이나 생산시설을 개발할 수 있었다. 그래서 한때는 연구자가 기계공학과 전기공학을 모두 공부하는 방안을 채택하기도 했으나 이제는 그런 시도에 한계가 있다고 판단하여 종전과 같이 두 분야의 전문가가 함께 공동연구나 작업을 하도록 하고 있다.

또 다른 예로 의공학 분야는 공학 중의 한 분야를 전공한 다음 의공학 공부를 하는 것이 효율적이다. 한 사람이 의공학 분야 전부를 다 공부하는 것은 불가능하기 때문이다. 최근에는 인문 사회적, 예술적 소양과 공학적 지식의 융합으로 애플의 아이폰과 같은 제품이 탄생했다. 이것은 기존의 기술을 향상, 발전시키는 것이 아니라 전혀 새로운 차원의 기술과 제품을 창출한 좋은 예라 하겠다. 앞으로는 과학 분야의 학문끼리만 융합하는 것이 아니라 이처럼 인문, 사회, 예술 등과 융합하는 가운데 우리가 상상하지도 못했던 기술이나 제품이 쏟아져 나올 것이다. 따라서 과학자는 과학만 연구할 것이 아니라 타 분야에도 눈길을 돌려 한 차원 더 높은 과학의 세계를 열어야 한다.

공학 교육의 현실

얼마 전 중국 북경에 있는 칭화대학을 방문하였다. 이 대학은 100년 역사를 가진 중국 최고의 공과대를 중심으로 하는 종합대학이다. 15억 인구 중에서 엄선된 우수한 인재들이 몰려들고 있기에 세계적으로 주목받는 대학이다. 미국, EU 등의 명문 대학에서도 칭화대 출신을 대학원생 또는 연구원으로 데려오고 싶어 할 정도로 이 학교 학생들의 자질이 뛰어나다.

우리 공대는 SCI 논문 작성과 논문의 숫자를 늘리는 것이 연구의 지상목표처럼 되어있는데 반하여 칭화대학은 논문의 수가 아닌 질을 따지고 실용화를 강조하는 학풍을 가지고 있었다. 또 우리는 연구실에 가도 논문을 낼 수 있는 정도의 조그만 규모로만 실험하고 있지만 그들은 실용화를 전제로 하는 큰 규모의 실험을 하고 있었다. 이런 점이 공과대학이 중심이 되는 종합 대학답다는 생각에 부럽기만 했다.

그곳의 교수가 바이오 기술을 이용하여 화학 소재를 합성하고 다시 그것을 바탕으로 섬유까지 만든 것을 보여 주면서 이 연구는 한국의 회사로부터 위탁받은 것이라는 설명을 덧붙였다. 그 순간 부끄러운 생각이 들면서 그 회사는 왜 우리 대학에 이런 프로젝트를 의뢰하지 않았을까하고 잠시 생각해 보았다. 아마 중국대학과의 관계 등을 따져서 그렇게 하였겠지만, 어쨌든 우리 대학이 처한 현실이 안타깝게 느껴졌다. 물론 우리의 대학이 중국 대학보다 우수한 점도 많다. 그러나 과학을 보는 관점에서 두 나라 국민 사이에는 인식의 차이가 있는 것 같다. 또 연구에 임하는 기본적 자세에서도 반성할 점이 많아 보인다.

공과대학은 과학기술의 시대에 엔지니어를 양성하는 곳이다. 따라서 공과대학의 교육은 공학의 기초가 되는 과학과 실제로 문제를 해결하는 기술을 함께 가르쳐야 한다. 그런데 공학 연구가 단순히 연구 실적을 올리거나 누군가에게 보여주기 위해 진행되는 사례가 있는데 이런 겉치레에서 벗어나야 한다. 중국의 칭화대학을 방문하면서 새삼스레 이런 교훈을 다시 한 번 확인할 수 있었다.

새로운 기술을 개발하고 이것을 제품화하기 위해서는 우선 설계기술부터 배워야한다. 제품 설계에서는 경제성도 무시할 수 없으므로 경제성 분석과 같은 타 분야의 공부도 해야 한다. 이렇게 보면 공학을 제대로 알려면 여러 분야의 공부를 병행해야 한다. 그래서 능력과 배경에 따라 연봉이 결정되는 미국의 경우 공과대학 졸업생의 연봉은 다른 분야의 전공을 한 졸업생보다 훨씬 많다. 그래서 공학을 공부하는 것이 어렵고 힘들지만 학생들의 지원이 끊이지 않는다. 사회에 나가면 높은 연봉으로 보답을 받을 수 있기 때문이다.

다음은 공과대학 졸업생이 갖추어야 할 자질과 능력에는 무엇이 있는가에 대한 모기업체의 조사내용을 정리한 것이다. 사회에서 요구하는 공과대학 졸업생에게는 무엇을 어떻게 교육시키면 좋은지에 대한 가이드 자료로 활용할 가치가 있어 소개한다.

(1) 전공분야별 학습 내용에 대한 충분한 이해
  - 전공분야의 주요 개념에 대한 철저한 이해 필요
  - 전공분야의 선진기술을 파악하고 습득할 수 있는 능력 배양
  - 관련 산업분야에 대한 이해

(2) Globalization 감각을 겸비한 능력 확보
  - 업무수행에 필요한 외국어 회화 및 원서를 볼 수 있는 능력
  - 국제화 · 세계화에 걸맞은 교양 겸비

(3) 논리적 · 과학적 사고 배양

- 사고의 유연성 · 창의성
- 과학적 문제 해결 방식이 요구됨

(4) 기초 과학에 대한 충분한 이해

- 수학, 물리학 등 기초과학에 대한 이해가 있어야 문제 발생 시 해결 방안 도출이 가능함

(5) 대인관계 형성 등의 인성 교육

- 팀 내 협동 자질을 양성하고 리더십을 확보할 수 있어야 함
- 발표력

(6) 유관되는 공학 분야의 기본 지식 습득 및 응용 능력

- 기본을 충실히 하고
- 주변 분야에 대한 이해로 응용 능력을 개발할 수 있어야

(7) 산업현장에서의 실습

- 전공과목의 이론만으로는 부족함으로 현장에서의 경험이 함께 이루어져야 함

(8) 경제성 분석

- 공과대학 졸업생은 경제성 분석 능력을 갖추어야 하고
- 그 외 경영관리기법에 대한 기초 지식을 갖고 있어야 함

(9) Computer등 정보화 기기 활용 능력 배양
- 정보기술의 습득 및 응용이 용이해야 함

우리나라에서 이렇게 사회가 요구하고 있는 공학교육이 제대로 이루어지고 있는지 검토해보자. 교수의 업적 평가가 주로 SCI 연구논문 위주로 이루어짐으로 교수들의 주관심사는 논문을 쓰기 위한 연구에 있다. 교육 평가는 강의 시간 수나 영어 강의 여부 등으로 이루어지기에 별로 차이가 나지 않는다. 연구 평점을 잘 받기 위해 혼신의 힘을 쏟아야 하니 강의는 뒷전으로 밀려날 수밖에 없다. 이런 배경에서 강의의 수준을 높이려는 노력은 상대적으로 부족하게 된다.

미국의 경우 이미 120년 전부터 공학교육의 중요성을 인식하고 공학교육학회를 설립해 공학교육을 개선하기 위한 노력을 계속해왔다. (http://www.asee.org). 이 학회의 발자취를 더듬어보면 오늘날 미국이 과학기술 분야에서 세계 최고가 된 이유를 납득할 수 있다. 우리나라에서는 공학교육학회가 만들어진 것이 20년 가량 된다. (http://www.ksee.org/) 공학 교육의 발전을 위해 뜻 있는 교수들이 여기에 모여 노력하고 있지만 부족한 점이 많다.

교수와 대학에 대한 평가를 논문의 숫자 위주로 하는 것에서 탈피해야 공학 교육의 정상화가 가능하다는 인식을 같이 하고 있지만 그것이 쉽게 해결될 문제는 아니다.

이처럼 논문 위주로 교수를 평가하다보니 산업현장 경험이 있는 교수를 선발하는데 애로가 많다. 그런 실무에 능한 교수보다는 연구논문을 많이 쓰는 교수를 초빙해야 대학 평가가 좋아지기 때문이다. 그러다 보니 산업현장의 경험이 부족한 교수가 산업 현장과 관련된 과목을 가르치는 일도 생긴다. 의과대학에서 교수가 환자의 치료를 담당하면서 동시에 학생들을 가르치는 것과 비교하면 그 차이를 알 수 있다. 그러다보니 공과대학에서도 실험실습을 통한 교육은 터무니없이 부족하다. 산업현장 경험이 있는 교수가 필요하다고 하지만 정작 그런 경험 있는 교수는 드물다. 현장에 오래 있다 보면 연구 논문을 쓸 겨를이 없다. 실무 경험을 통해 얻은 특허는 논문으로 간주하지 않는다. 그래서 SCI 논문만을 챙기는 공과대학에서 산업체 경험이 많은 사람을 교수로 채용하지 않는다. 그러면서 무모하게도 공과대학은 공학교육을 하겠다고 나서는 것이다. 산업현장을 이해하는 교수가 전체 교수의 일정한 비율은 되어야 공과대학의 교육이 균형 있게 이루어질 수 있을 것이다. 대학이 스스로 만든 올가미를 이제는 벗어버릴 때가 되지 않았을까.

우리나라의 아미노산, 핵산을 생산하는 발효기술은 세계 최고 수준이다. 그런데 산업체에서는 오래전부터 발효기술을 계속 발전시킬 전문 인력을 채용하려고 해도 발효기술을 공부한 인력이 없다고 한다. 그 이유는 대학에서 유전자 조작 등 최첨단 과학기술 분야에만 연구를 집중하여 산업에 꼭 필요한 기술 분야를 소홀히 했기 때문이다. 그 분야는 SCI 논문도 잘 안되니 연구를 안 하고, 연구비도 없다. 그러다 보니 이 분야를 전공한 졸업생도 없는 것이다. 대학이 홀대하는 이런 분야를 발전시키기 위해 국가 연구실(National lab) 이란 제도를 만든 것만 보아도 국가가 필요로 하는 산업기술 분야의 연구가 제대로 되지 않고 있음을 알 수 있다. 이런 예는 발효기술에만 해당되는 것은 아니다. 식품기술 분야도 마찬가지 상황이다. 식품과학을 전공한 졸업생은 있는데 식품 공정을 전공한 졸업생은 없다. 이처럼 산업체가 필요로 하는 인력을 공급 못하는 공과대학에는 분명히 문제가 있는 게 아닐까.

기업체의 또 다른 불만은 대학교육이 허술하여 신입사원이 기업체에 입사한 후 2~3년을 가르쳐야 제 몫을 한다는 것이다. 기업체에서는 상당한 시간과 금전을 신입사원 연수에 투입할 수밖에 없다고 불평한다. 그러나 대학 교육을 모든 기업체의 업무에 맞추어 주는 맞춤형 교육은 불가능하다. 업무나 직장을 바꾸었을 때도 능력을 발휘할 수 있어야 하며, 새로운 지식과 기술이 나오면 그것을 소화하고 응용할 수도 있어야 한다. 이런 관점에서 보면 대학 교육은 학문의 기초를 확립하는데 더 공을 들여야 한다. 비록 기업의 업무에 좀 늦게 적응하는 한이 있더라도 기초 실력이 탄탄해야 다양한 업무를 충실히 수행할 능력이 배양되는 것이다.

대기업에서 오랫동안 부회장으로 근무했던 Y라는 분도 기업에서 근무할 때는 직접 실무에 투입할 능력을 가지지 못한 졸업생들을 배출하는 대학을 원망했다고 한다. 그러나 조금 시간이 지나기초가 확실하게 잡힌 졸업생들이 서서히 진가를 드러내는 것을 보면서 대학에서의 기초 확립이 얼마나 중요한지 알았다고 한다. 즉 회사에 입사하여 바로 활용할 수 없다 하더라도 기초가 확실하여 어떤 업무라도 수행할 수 있는 인재가 결국 회사에 더 큰 이익을 가져다준다고 했다. 대학에서 기초 소양을 닦는 것이 얼마나 중요한 지 알 수 있게 해주는 말이다.

나는 오랫동안 대학원에서 효소공학(enzyme engineering)을 강의하고 있다. 미국에서의 박사과정 시절에도 효소공학 과목을 공부했기 때문에 그때 공부한 내용을 기반으로 하고 거기에 새로운 이슈와 발전된 내용 그리고 토의할 문제 등을 포함시켜 강의하고 있다. 오래 전에는 효소 반응기 설계 및 최적화에 대한 내용을 강의하고 과제로서 반응기를 설계하는 것을 포함시켰다. 그러나 약 10년 전부터는 그렇게 가르치는 것이 수강생들에게 너무 어려움을 주는 듯하여 공학적으로 깊이 있는 내용을 생략했다. BK-21 대학원 프로그램에 의하여 타대학 출신이 많이 입학하게 되고 학생의 배경도 화학공학이 아닌 광역화된 학부, 화학, 생물학 등으로 다양하게 되면서 공학적인 설계 부분의 강의를 따라올 수 있는 학생이 줄어들었기 때문이다.

이유야 어찌 되었던 공과대학의 강의에서 반응기 설계 부분을 가르치지 않는다는 것은 기존의 지식에 의지한 채 중요한 이슈를 바라보지 않게 된 것으로 심각하게 생각해 보아야 할 문제이다. 물론 새로운 기술의 개발이 중요하고 이 과제는 연구중심 대학에서 많이 이루어지고 있다. 또한 기초과학과 응용과학의 경계선이 없어지고 있는 최근의 추세를 감안한다면 반론도 제가할 수 있다. 그러나 현장으로 나가서 공장을 설계하고 운영해야 할 고급 두뇌를 배출해야 하는데 연구 위주의 교육을 시키는 것은 잘못된 처사임이 분명하다.

공과대학에서 교육은 연구에 밀려 뒷전으로 물러나 있다고 했는데 과연 연구는 제대로 하고 있는지 생각해보자. 20~30년 전에 비하면 우리의 연구 성과는 괄목할 만한 성장을 이루었다. 매스컴에서는 연일 세계적인 발견, 발명이 이루어지고 있고 참신한 연구 논문이 발표되고 있다고 보도한다. 필자가 속해있는 학과의 경우 교수 한 명이 내는 논문은 1년에 평균 8~9편인데 이 정도면 세계 최고 수준이다. 세계 최고의 공과대학이라고 하는 MIT 등 미국 명문대학 교수들의 논문 수보다 많다. 그러나 논문의 영향(impact)은 그들에게 미치지 못하는 것 같다.

과거에 비하면 우리나라의 연구 역량과 수준은 세계 정상에 근접하고 있다. 그렇지만 미국, 일본 등의 선진국에 비하여 부족한 점이 많다. 부족한 부분이 무엇이며 그것을 어떻게 개선해야 하는지 알아보자.

문제점을 한마디로 정리하면 필요한 분야의 연구가 제대로 되지 않고 수준 높은 연구가 부족하다는 것이다. 그 이유는 연구비를 받기 위해 유행을 따라 연구를 하거나 연구 논문을 많이 쓸 수 있는 분야의 연구만 하기 때문이다. 이런 문제점을 개선하려면 연구자 자신이 관심을 가진 분야나 국가적으로 필요한 분야에서 연구 과제를 정하여 꾸준히 연구할 수 있는 풍토를 조성해야 한다. 그렇게 한 분야에 전념하여 오년 이상 연구해야 새로운 결과가 창출되고 세계 수준의 연구 결과가 나올 수 있는 것이다. 이런 기본적인 사항이 무시되면 연구 논문은 나오겠지만 그 수준과 영향력은 뒤떨어질 수밖에 없다.

정부는 각종 연구를 효율적으로 할 수 있도록 지원하기 위해 한국학술진흥재단과 한국과학재단을 통합하여 한국연구재단을 출범시켰다. 그러나 기초연구를 하고 원천기술을 창출하는 것이 주목적인 연구에도 산업체의 참여를 독려하고 있다. 그래야 연구 계획서 평가에서 가점이 주어진다. 정부가 지원하는 예산이 부족하여 선택과 집중이라는 논리로 기초 연구 분야가 정해지는 경우가 많다. 이는 우물에 가서 숭늉을 기다리는 것과 같은 성급한 태도이다.

깨끗하고 맛있는 물이 음식의 맛을 내는 가장 기본적 요소이다. 그렇게 생각한다면 교수나 연구소가 한 가지 주제를 장기간 깊이 있게 연구할 수 있도록 지원해주는 사회적 합의가 필요하다. 물론 시대가 변화하면 거기에 맞추어 새로운 과제를 연구할 필요성이 있겠지만 연구의 근본은 한 우물 파는 연구, 즉 뿌리 깊은 기초 연구에 있음을 잊지 말아야 한다. 일본의 경우에는 교수 연구실 별로 기초 연구비가 주어지기 때문에 외부 연구비의 자원이 없어도 한 가지 주제를 오랫동안 연구할 수 있다고 한다. 이처럼 교수의 자율적 연구를 존중해주는 일본의 시스템이 부럽기만 하다.

새로운 분야의 과제를 연구하기 시작할 때 그만큼 위험부담을 안게 된다. 그러려면 선행연구 결과를 제시하고 또 다른 이유를 들어 새로운 분야의 과제를 잘 수행할 수 있음을 보여야 한다. 연구과제 평가 시 연구의 지속성, 연구의 집중 가능성, 연구의 전문성 등을 평가 항목으로 고려한다면 유행을 따라 연구 과제를 신청하는 사례는 줄어들 것이다.

대전에 있는 어느 출연 연구원 원장은 최근 연구원들에게 과제를 많이 다루는 것이 능사가 아니고 한두 개라도 깊이 있게 하여 좋은 결과를 창출하도록 유도한다고 한다. 이제는 연구에서도 양보다 질을 따지는 전통을 세울 때도 되었다. 오랜만에 원장의 멋있는 얘기를 듣게 되어 반가웠다.

이공계 출신이
대접받는 사회가 되어야 한다.

얼마 전에 전주에 있는 자율 고등학교 교장 선생님을 만났다. 선생님은 학생과 학부모들에게 우수한 학생들이 이공계에 가야한다고 늘 말씀한다고 하셨다. 과학을 좋아하고 그 방면에 소질이 있는 학생은 새로운 과학기술을 개발하는 등 창조적인 것에 도전할 수 있는 이공계에 진학하는 것이 국가를 위한 길이라고 말씀하신다는 것이다. 그러나 이공계를 선호하는 학생들 중에도 우수한 학생들은 의치학계열로 지원하는 경향이 너무나 뚜렷이 드러난다. 학부모들은 직업의 안정성을 고려하여 의치대 진학을 바라고 자녀들은 그런 부모의 기대를 저버릴 수 없어 이런 현상이 벌어지는 것이다. 1996년 IMF 위기로 통칭되는 외환위기 당시 이공계 직업에 종사하던 많은 사람들이 구조조정으로 직장을 잃었다. 그 당시의 트라우마가 아직 남아 있어서인지 대부분의 학부모들이 자녀들의 적성이나 소질과는 관계없이 의사나 법조인 또는 공무원이나 교사 등의 안정적 직업을 선호하고 있다. 이런 학부모의 심정을 헤아리지 못하는 것은 아니지만 그래도 노교육자가 나서서 이렇게 외쳐야만 하는 현실이 안타깝기만 하다.

공장에서 좋은 제품을 만들기 위해서는 우선 생산기술이 좋아야 한다. 다음으로 원료나 원자재가 좋아야한다. 맛이 좋기로 이름난 식당을 찾으면 거기에는 반드시 솜씨 좋은 주방장이 있기 마련이다. 그 주방장은 싱싱한 식재료를 구입하여 요리할 것이다. 이와 마찬가지로 우수한 실력을 가진 졸업생을 배출하려면 유능한 교수가 효율적 교수법으로 학생들을 가르쳐야 한다. 아울러 대학에 입학하는 신입생의 자질이 우수해야 한다. 과거에는 고등학교 졸업자 중 가장 우수한 학생들이 이공계를 지원 했는데 최근에는 상황이 달라졌다. 이과 기피 현상으로 우수한 학생들이 문과계열로 쏠리는데다가 이과를 지망한 학생들 중에도 뛰어난 실력을 가신 학생들은 의학계열로 몰린다. 또 이공계에 대한 사회적 인식이 개선되지 않아 상황이 개선되지 않고 있다.

그럼 여기에서 이공계 출신이 대접받을 수 있는 여건을 조성하고, 또 이공계 분야를 활성화 시키는 방안을 제시해 보겠다.

143

- 국회 직능대표의 30% 정도는 이공계 인사를 초빙해야
한다.
- 국가 공무원을 선발하는 행정고시의 경우 시험과목에 과
학기술을 포함시키고, 절반 정도를 이공계출신 으로 선발
한다.
- 여성과학기술인력이 관련되는 기관에는 30%까지 할당제
를 적용하여 여성의 과학기술분야 참여를 유도한다.
- 이공계의 상징인 국가 출연연구소의 경우 정년 제도를 없
애야 한다.
- 이공계 교육과 연구 기부금에 세제혜택을 확대한다.
- 이공계 퇴직 연구원에 대한 연금제도를 획기적으로 개선
한다.
- 정부 모든 부처에 과학기술조정관(Chief Science Officer)을
두어 정부정책에 과학기술이 녹아 들어가게 한다.

이와 같이 정책적으로 이공계를 우대하고, 이공계 인력이 장
기간 근무할 수 있는 여건을 조성하고 퇴직 후의 연금을 보장하는
등의 제도가 확립되어야 우수한 인력이 이공계를 지원할 것이다.
그러나 이런 형식적 제도보다 더욱 중요한 것은 전 국민의 과학기
술에 대한 이해와 관심이다.

과학기술은 생명 없는 딱딱한 이론이 아니라 따뜻한 체온을 가진 생물과 같은 학문이라는 인식이 필요하다. 과학기술은 질병, 식량, 재해, 에너지 등 인류의 생존에 필요한 문제들을 해결해 줄 뿐만 아니라 통신, 교통 등을 통해 인간의 삶의 질을 높여주는 역할을 한다. 과학기술에는 지구촌의 가난한 이웃들에게 물, 에너지, 주거, 의료서비스 등을 제공하는 따뜻한 인간애가 깃들어 있음을 강조해야 한다. 이처럼 과학기술은 곧 휴머니즘의 실천을 통해 진가를 드러낸다는 새로운 자각이 이공계에 대한 인식 변화의 출발점이다. 그리고 과학기술자는 국가의 산업과 경제 발전의 주역으로서 사회적으로 존경받는 분위기가 조성되어야 한다.

뛰어난 인재를 이공계로 끌어들이려면 과학기술에 흥미를 가진 이들이 이 분야에 종사하면 행복한 삶을 살 수 있다는 확신을 주어야 한다. 적성에 맞지 않는 일에 매달려 월급 조금 더 받는 것보다 하고 싶은 일을 하며 살아가는 것이 참다운 행복을 맛볼 수 있는 보람 있는 일임을 강조하는 것이다. 요즈음은 무슨 일을 하더라도 먹고 살 수 있는 최소한의 월급은 받는다. 과학기술 분야의 직업으로 막대한 경제적 수입을 얻지는 못할지라도 기본 수입은 보장된다. 또 운이 좋으면 특허를 얻거나 벤처사업을 통해 크게 성공할 수도 있다. 그럼에도 불구하고 재능 있는 이공계 대학생이 행정고시를 보겠다거나 의치학 전문대학원으로 진학하겠다는 학생들이 많은데 국가의 장래를 생각할 때 심히 개탄스러운 일이라 하겠다.

현실적으로 우수한 고등학교 졸업생들은 법대나 의대를 선호한다. 고시에 패스하거나 자격증을 따면 장래가 보장되기 때문이라고 믿기 때문이다. 그래서 소질과 적성은 고려하지 않고 그런 직업을 선택하려고 한다. 그러나 진정으로 행복한 인생을 살려면 자신이 하고 싶은 일을 하며 살아야 한다. 도전 뒤에 얻을 수 있는 성취감을 맛본 사람만이 가장 큰 희열을 느낄 수 있다. 우리 교육이 미래의 비전을 주지 못하고 학생들을 현실에 안주하는 나약한 인간으로 키운다면 우리에게 밝은 미래는 찾아오지 않는다. 도전과 성취의 삶을 살 수 있는 과학기술 분야에 몸을 던져 보람차고 행복한 삶을 살도록 하자.

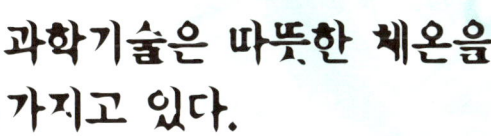

과학기술은 따뜻한 체온을 가지고 있다.

몇년 전 필리핀의 농촌을 방문할 기회가 있었다. 거기에서 보니 농촌 주민 중 상당수가 피부병으로 고생하고 있었다. 돈이 없어 병원에도 가지 못하고 쉽게 고칠 수 있는 피부병인데도 대책 없이 괴로워하고 있었다. 그때 한국에서 간 봉사팀이 피부 연고제를 발라주니 피부병이 깨끗이 나았다. 피부병이 생긴 원인을 조사해보니 깨끗한 화장실도 없고, 가축분뇨도 처리가 안 되어 물이 오염되었고 그 물을 쓰다가 그렇게 되었다는 것이다. 그렇다면 피부 연고를 발라줄 것이 아니라 깨끗한 물을 공급해 주는 것이 근본적인 해결책이 되지 않을까.

우리는 세계화 시대에 살고 있다. 무한 경쟁의 신자유주의 경제는 세계의 글로벌화를 가속화하여 세계의 부(wealth)가 몇 나라나 소수에게 집중되고 있다. 그 반면에 세계 인구의 40%에 해당하는 약 25억 명의 인구는 극심한 가난에 시달리고 있다. 가난하고 소외된 이들을 배려하지 못하면 신자유주의 경제는 한계점에 이르게 되고 결국에는 도리어 큰 재앙을 초래할 것이라고 미래 학자들이 경고하고 있다. 인류의 번영과 지구촌의 평화를 기약하기 위해서는 환경과 에너지 문제 이외에도 소외되고 가난한 25억 명에 대한 대책이 필요하다.

이런 이야기를 주위의 교수들과 나누다 보니 남모르게 이런 일에 앞장서고 있는 몇 교수들을 알게 되었다. 그 분들은 물을 정수하는 샌드필터, 전기가 없어도 작동하는 정수기, 친환경 화장실 등을 저개발국에 보급하고 있었다. 미국공학교육학회 학술대회에서도 가난한 이들을 돕는 이런 사례를 발표했다. 이런 일들에 관심 있는 사람들이 서로 네트워킹하여 정보를 교환하고 힘을 합칠 수 있으면 더 효과적으로 일을 수행할 수 있으리라고 생각되어 2009년 초에 몇 사람이 모였다. 그해 9월 물을 주제로 하는 심포지엄을 개최하고 12월에 「국경없는 과학기술 연구회(Scientists and Engineers Without Borders)」를 창립하였다. 지금은 「(사단법인) 국경없는 과학기술자회(http://sewb.org)」로 이름을 바꾸어 활동하고 있다.

우리가 아는 단체에 「국경없는 의사회」가 있다. 몇 년 전 노벨평화상을 수상한 단체이다. 의사들이 평소에는 자기 나라에서 환자를 돌보지만 전쟁, 천재지변 등으로 인해 환자가 발생하면 세계 어디든지 달려가서 치료해주는 단체이다. 몸으로 인류애를 실천하는 사람들의 모임이다. 「국경없는 과학기술자회」도 분야는 다르지만 「국경없는 의사회」와 같이 전 세계의 가난한 이들을 돕는 일에 앞장서고 있다. 세계적으로도 「국경없는 공학자회 (Engineers Without Borders)」라는 모임이 있는데 그들도 똑같은 활동을 하고 있다.

개발도상국의 가난한 사람들이 건강하게 생활하려면 깨끗한 물이 반드시 필요하다. 그래서 물을 깨끗이 하는 정수장치가 꼭 필요한데 우리가 쓰는 정수기는 너무 비싸서 보급하기가 어렵다. 또 가끔씩 필터를 교환해주어야 하는데 그런 서비스를 받기에는 너무 오지에 있다. 또 전기가 보급되지 않은 곳이 많아 전력을 이용할 수 없다. 이런 악소건을 극복하기 위해 모래나 자갈을 채우거나 다공성 도자기를 이용하여 물을 여과할 수 있는 정수기를 개발했다. 또는 전기가 들어오지 않은 곳에서 사용하도록 손으로 전기를 발생시키는 장치를 붙이기도 하고 태양에너지를 활용하도록 하기도 했다. 이렇게 여건에 맞는 과학기술을 개발하여 가난한 세계 사람들을 돕는 것이 이들 모임이 추구하는 목적이다.

얼마 전에는 우리나라의 봉사자들이 나서서 캄보디아 등에서 우물을 파주는 봉사활동을 했다. 그것은 물이 귀한 지역에서 손쉽게 물을 얻을 수 있는 유일한 방법이었다. 그런데 물 속에 비소(As)라는 중금속이 포함된 곳이 많아서 음용수로 사용할 수가 없었다. 이런 경우 비소를 제거할 수 있는 값싼 정수기가 있어야 하는데 이런 문제를 해결하는 것이 모두 과학기술자의 몫이다. 이처럼 과학기술은 인간의 생존을 위해 꼭 필요한 따뜻한 체온을 가진 학문이다.

(이슈 1: 생존을 위한 과제)

동남아시아, 아프리카, 중남미 지역에 사는 가난한 사람들에게 가장 필요한 것은 깨끗한 물이다. 물이 없어 어린 아이들이 몇 시간씩 물 길러 가야하고 그러다 보니 학교에 갈 시간도 없다. 물이 있다고 해도 구정물 밖에 구할 수 없다. 또는 병원성 세균이나 비소와 같은 중금속에 오염되어 있다. 그런데 가난해서 상하수도 시설도 갖출 수 없고 정수기를 구입할 수도 없다. 물을 쉽게 운반할 수 있는 드럼통, 전기가 없이 지하수를 퍼 올리는 펌프, 모래와 자갈로 채운 정수기, 빗물을 받아두는 저장고, 병원균의 살균 장치, 중금속 제거 정수기 등이 필요하다.

다음으로는 친환경 화장실이나 친환경 양계, 양돈 방식을 보급하는 것이다. 분뇨나 축산 폐기물은 물을 오염시키고 병원균의 온상이 되지만 잘 관리하면 자원으로 활용할 수도 있다. 꼭 수세식 화장실이나 기계화된 양계, 양돈 방식이 아니더라도 그들의 눈높이에 맞춘 친환경 방식을 보급해야 한다. 현재 이런 기술은 개발되어 있지만 인력과 예산의 부족으로 일부 지역에만 보급되고 있다.

마지막으로 에너지 공급의 문제를 들 수 있다. 석유나 가스를 구할 수 없고 음식을 요리할 수 있는 땔나무도 없는 환경에서도 인간은 먹어야 산다. 산에서 약간의 나무가 자란다 해도 그것을 베어 땔감으로 써야하니 산은 더욱 황폐화되어 버린다. 이런 경우에 쓰기 위해 과학기술자들은 태양열을 이용한 요리기(solar cooker)를 발명했다. 전기가 없어서 조명은커녕 라디오도 듣지 못한다면 수동식 발전기가 붙은 라디오를 보급하면 된다. 또 소규모 수력발전 시설 등을 이용하여 마을 단위로 발전을 해주는 방법을 생각해볼 수 있다. 이것 모두 과학기술자들의 따뜻한 손길이 닿아야 해결될 일이다.

아프리카에는 말라리아에 걸려 죽은 사람이 많다. 그 어느 지역에 모기장을 보급했더니 그것만으로도 말라리아 환자가 절반으로 줄었다고 한다. 우리에게는 삭고 사소한 것이지만 그것이 어느 곳에서는 사람의 생명을 좌우하기도 한다. 그러나 모기장만으로 말라리아를 퇴치할 수는 없다. 말라리아를 예방하고 치료할 수 있는 기술 역시 과학자들의 두뇌를 빌요로 한다. 이런 일에는 Bill & Melinda Gates Foundation 이 열심히 후원하고 있다.

(이슈 2 : 지속 발전을 위한 과제)

앞에서 언급한 것은 기본적으로 생존하기 위한 기본 수단을 과학적으로 해결하는 방안이다. 해외 원조단체들은 지금까지 가난한 이들에게 식량이나 돈을 주어 그들을 도왔다. 이것은 배고픈 사람에게 물고기를 주는 것과 같아서 끊임없이 주어야 그들의 허기를 달랠 수 있다. 물고기를 계속 주는 대신 물고기 잡는 법을 가르쳐주는 것이 원천적 해결방안이다.

어느 지역에 가면 망고가 썩어가고 있고 기름을 짜낸 야자열매 쓰레기가 산더미처럼 쌓여있다. 망고를 건조시켜 상품화할 수 있는 방법과 버려지는 야자열매로 숯이나 활성탄을 만드는 기술을 가르쳐주는 것이 바로 물고기를 잡는 법을 전수하는 것이다. 그런데 이렇게 물고기 잡는 법을 가르치려면 기초적인 과학과 기술을 알아야 한다. 이들을 하나로 묶어 개도국의 과학기술 수준을 제고시키고 그 기술을 유용하게 활용할 수 있도록 해야 한다. 그러기 위해서는 봉사자들도 기본적 과학 지식을 이해하고 응용할 수 있어야 한다.

최근 공과대학을 중심으로 개발도상국의 오지에 봉사활동을 가기 시작하였다. 그곳에 필요한 과학기술을 조사하고 그것을 개발하거나 만들어 주는 일을 하고 있다. 첨단 지식이 필요한 기술은 학생으로는 벅차서 하기 힘들지만, 그곳에 필요한 것을 만드는 간단한 기술은 우리 학생들이 개발할 수 있다. 지구상의 문제를 생각하는 것은 학생들의 의식을 글로벌하게 만들고, 어떻게 하면 이 문제를 해결할까하는 생각은 학생을 창의적으로 만들고, 어려운 이들을 위하는 마음은 학생의 심성을 따뜻하게 만드는 것이다.

우리 교육목표인 글로벌하고 창의적인 그리고 따뜻한 인재로 키우는데 이러한 봉사활동만큼 좋은 것은 없다.

나는 지난 25년간 대학에서 교육과 연구에 대부분의 시간을 보냈다. 연구와 관련하여 세계 최고 수준의 연구결과를 창출하여 좋은 논문을 쓰는 것을 중요하게 생각하였다. 특별히 생물공학은 질병, 먹거리, 소재, 에너지 및 환경문제를 해결할 수 있는 공학기술로서 이 분야의 첨단 연구는 인류를 위한 것이라는 자부심도 있었다. 그러다가 최근 첨단기술이 아니더라도 인류의 행복과 발전에 기여할 수 있는 방법이 또 있을 수 있다는 것을 깨닫고는 매우 기뻤다. 그것은 가난한 이들의 물, 에너지, 주거문제들을 해결하는데 과학적 지식이 활용될 수 있다는 것이었다.

과학기술자들이 자기 시간에서 하루에 30분만 할애하여 봉사에 참여한다면, 세상이 보나 살기 좋은 곳이 될 것이다. 이런 일에 꼭 전문지식이나 첨단 기술이 필요한 것은 아니다. 고등학교 수준의 과학적 지식과 관심이 있다면 얼마든지 가능하다. 그런데 전문적인 과학기술자들이 참여한다면 그 효과를 극대화할 수도 있다. 고등학교와 대학에서 이렇게 이웃을 생각하는 따뜻한 과학기술을 강조하는 것은 교육의 가치를 한 차원 높이는 것이며 나아가서는 인류의 공동번영을 기약하는 첫 걸음이다.

교·육·이·바·로·서·야·우·리·가·산·다

6

학생은 행복할 권리가 있다.

공부보다 꿈이 먼저다.

서울대 의대에 입학한 학생 중에 수학경시대회 금상 수상자가 있었다. 수학과 물리 과목에 뛰어났고 과학이 적성에 맞았는데 부모와 주위의 권유로 의예과에 입학했다. 그러나 오래 다니지 않고 공대로 편입했다. 더 늦기 전에 그런 결정을 내렸으니 천만다행이다. 조금 더 늦어 의사가 되었더라면 되돌릴 수 없었을 것이다.

최근 서울대 학생들의 생활상을 조사한 결과 전공이 자신과 맞지 않는다고 생각하여 고민하는 학생들이 의외로 많았다. 그 이유는 전공에 흥미를 느끼지 못하거나 적성에 맞지 않기 때문이다. 지금도 많은 학생들이 본인의 적성과는 맞지 않는 공부를 하느라고 애를 먹고 있다. 공부가 재미없으니 학점도 좋을 리 없다. 대학

다니는 동안 자꾸 딴 생각이 떠올라 정신 집중도 되지 않고 강의 듣는 것도 싫다면 얼마나 아깝고 안타까운 일인가. 옛말에 아는 것은 좋아하는 것만 못하고, 좋아하는 것은 즐기는 것만 못하다고 했다. 공부를 즐기는 학생은 시간을 조금만 들여도 뛰어난 성적을 거둔다.

외국의 대학에서는 대학 입학 후에도 전공을 결정하거나 변경할 기회가 여러 번 주어진다. 사실 대학에 들어갈 어린 나이에 인생의 방향을 결정하는 전공을 선택하는 것은 무리가 있다. 그래서 언제라도 잘못을 바로 잡을 수 있는 기회를 주어야 하는데 이런 일이 우리의 대학에서는 쉽지 않다. 남의 말을 듣거나 유행을 따라 전공을 정하거나 일단 들어가기 쉬운 대학을 선택했다가 낭패를 본 경우가 많다. 이런 학생들을 위해 대학은 전공을 바꿀 수 있는 기회를 여러 번 줄 수 있어야 한다.

우리는 가능하면 자녀들을 명문대에 보내려고 돈과 시간을 아낌없이 쓴다. 가계가 휘청거릴 정도로 사교육비를 쏟아 붓고도 아

- 명문대학을 다닌다는 자부심에 자기만족을 할 수 있다.
- 명문대학의 교육여건이 다른 곳보다는 좋으니 좋은 대학 교육을 받을 수 있을 것으로 기대한다.
- 졸업 후 좋은 직장에 취직하기가 용이하다.
- 졸업 후 인맥이 좋아 사회생활에 도움이 된다.

깝다고 생각하지 않고 그만큼 자녀를 사랑한다고 착각한다. 왜 그래야 하는지 한번 곰곰이 따져보자.

자부심이 밥 먹여주고 행복을 주는 것은 아니다. 대학 공부는 스스로 하는 것이다. 물론 이점에 있어서는 여건이 좋은 대학이 유리하다. 그러나 최근 기업의 인사담당자들은 어느 대학 출신인지 보다는 진짜 실력을 따져 직원을 채용한다. 또 능력이 있으면 인맥을 만들 수 있다. 기본 능력이 없으면 인맥을 활용 하지 못한다. 그렇게 생각하면 자기의 수준에 맞는, 능력을 키울 수 있는 대학에 진학하는 것이 중요하다. 대학의 이름보다는 적성에 맞는 분야를 선택하는 것이 우선이다.

대학으로 진학을 하더라도 평생 학습시대에 적응할 수 있는 탄탄한 기초실력을 닦는 것이 우선이다. 그 다음에 스스로 도전하고 개척해 나가는 의지와 남과 잘 어울리는 원만한 인격을 가지면 어느 대학을 나왔느냐 따질 필요가 없다. 이런 사람들은 대학을 나오지 않아도 성공할 수 있다. 그렇게 생각하면 점수 몇 점 더 올려 좋은 대학에 가기 위해 학원이나 과외 공부로 시간과 노력을 낭비하는 것은 바보 같은 짓이다. 그동안 자기 적성에 맞는 분야를 찾아 더 깊이 파고 들어가 보는 것이 훨씬 유리하다. 대학입시에 입학사정관제도가 생기면서 학생들의 이런 노력에 많은 점수를 주고 있어 그나마 다행이다. 이제는 학벌이라는 탈을 벗어버릴 때가 되었다.

아이들이 가지고 있는 잠재 능력과 적성을 찾아내기 위해 다양한 노력을 기울이고 또 스스로 공부하고 생각할 수 있는 능력을 키워주는 것이 아이의 장래를 위한 최선의 방법이다. 그런데 평범한 부모들은 남이 시킨다고 과외다 학원이다 해서 학생을 몰아 붙인다. 그런 학부모들도 그것이 최선의 길이 아님을 안다. 그러나 남들도 시키니 불안해서 어쩔 수 없다는 것이다. 최선의 방법을 알았다면 의당 그렇게 해야 한다. 그렇게 못하면 나중에 반드시 후회할 때가 온다. 여기서 어느 청년의 고백을 들어보기로 하자.

우리나라의 교육 제도의 현실은 본인의 적성 또는 꿈을 이루기 위한 과정과 단계라고 볼 수는 없는 것 같다. 나의 청소년기를 돌아보면 되고 싶고, 하고 싶고, 이루고 싶다는 먼 미래의 계획이 없었다. 물론 이런 것들을 잘 깨닫고 노력하지 않았던 나의 잘못도 있었으나 고등학교 시절을 생각하면 늘 공부와 성적에 지쳐 울고 웃었넌 모습, 수능을 위해 잠을 설치며 나 자신과 싸워야만 했던 모습들이 대부분이었다.

초등학교 시절은 장래희망이라는 나의 소개서를 발표할 수 있는 시간이 가끔 주어졌지만 이마저도 중학교에 들어감과 동시에 나의 모든 생각의 초점은 반에서 몇 등이고, 수학 시험 점수는 몇점인지 따지는 이런 것들이 대부분이었고 고등학교에 진학 한 이후 더 심해졌다. 정해진 틀 속에 모두다 똑같이 국영수와 암기과목의 점수를 높이기 위해 수도 없이 풀었던 문제지 수에 반비례하여 나의 적성과 원하는 것을 생각할 여유조차 없었던 학창시절을 보낸 것이 나의 인생의 가장 큰 아쉬움이었다.

물론 나와 같지 않은 학생들도 많이 있겠지만, 나와 밤늦게까지 야간자율학습을 하고 지칠 대로 지친 몸을 이끌고 다시 도서관을 향하던 친구들과는 단 한 번도 서로 하고 싶은 것과 꿈이 무엇인지 이야기 해 본 적이 없었다.

나에게 우리나라 교육에 바라는 점이나 하고 싶은 이야기를 할 수 있는 기회가 주어진다면, 자기 꿈과 하고 싶은 것을 찾을 수 있는 다양한 기회들을 제공해 주었으면 하는 것이다. 물론 인생에 시험은 있어야 하고 내 꿈을 이루기 위해 모든 것을 걸 수 있는 최선의 노력은 당연히 해야 한다. 그러나 내가 할 수 있고, 하고 싶은, 가치 있는 것에 나의 모든 열정과 가장 빛나는 학창시절 전부를 투자 할 수 있을 무언가를 찾을 수 있는 환경과 제도가 주어진다면 학업에 대한 그 열정과 노력은 당연히 따라가는 것이 아닐까 한다.

위에서 청년이 말한 것처럼 자기 인생의 목표가 생기고 진로가 정해지면 공부에 열의가 생기고 성적도 오르게 마련이다. 산을 오를 때도 정상을 바라보며 오르는 것과 그렇지 않은 것은 큰 차이가 난다. 정상을 보지 못하고 오르는 사람은 그만큼 더 힘이 드는 법이다. 목표는 뚜렷하고 구체적일 수록 좋다. 그냥 생물학자보다는 해양 생물학자 또는 더 나아가서 일생동안 고래만 연구하겠다는 목표를 세우는 것이 더욱 효과적이다. 이렇게 되면 고래와 관계없는 단원을 배우더라도 생물 시간에 잠이 오지 않는다. 공부가 즐거워지는 것이다. 그러나 통계에 의하면 우리나라 고등학생의 80%이상이 자기의 진로를 결정하지 못해 고민하고 있다고 한다.

이에 관련되는 전문도서들도 꽤 많다. 책의 내용은 일반적으로 먼저 나의 꿈은 무엇인가 생각하고, 이것을 토대로 나에게 맞는 직업을 찾는 과정을 단계별로 제시하고 있다. 그리고 목표를 달성하기 위한 마음의 자세, 실천하기 위한 전략에 대하여 언급하고 있어서 상당히 합리적이고 논리적이다. 그러나 세상일은 논리와는 관계없이 진행되는 경우가 많다. 예를 들어, 세상에서 남자와 여자가 만나는 과정을 생각해보자. 남자가 여자친구나 짝을 찾는 과정에서 자기의 인생목표를 정하고 자기의 성격의 특성과 장단점을 분석한 다음, 세상의 수많은 여자들을 대상으로 목표, 성격 등을 비교하여 좋은 짝을 찾는 경우는 별로 없다. 아마 결혼상담소에서는 그렇게 하겠지만, 일반적으로 우연히 만나게 되는 이성들 중에서 왠지 마음에 드는 이성과 이야기를 나누면서 여러 가지로 자기에게 맞고 이끌리는 이성을 만나면서 애인으로 발전하게 되는 것이다. 이러한 우연속의 필연적인 만남은 꼭 계획을 세우고 그것을 실천하는 과정에서 생기는 것이 아니라 우연히 찾아오기도 한다. 그것을 인연이라고 부를 수 있을 것이다.

　나의 경우도 중학교 때 새로 오신 생물선생님을 좋아하게 되자 생물이 좋아지고, 지금도 생물공학을 가르치고 연구하고 있다. 그동안 나는 좋아하는 것을 할 수 있어서 참 행복하게 살아왔다. 또 좋아하는 것을 하니까 성과도 잘 나오니 금상첨화라고 할까. 그래서 나는 좋아하는 것을 죽을 때까지 할 수 있는 것이 가장 축복받은 삶이라고 믿는다. 큰 돈을 벌거나 권력을 얻지는 못하지만 즐겁게 인생을 사는 삶이라고 이야기한다.

　꿈을 키우는 방법, 진로를 정하는 방법은 무엇일까 생각해 보도록 하자.

　첫 번째 단계는 평소에 자기가 꿈꾸는 이상형, 롤모델(role model)을 생각하여 어떤 분야에서 무엇을 하고 싶은지에 대해 고민하는 것이다. 이때 특별히 어디엔가 끌렸던 적이 있는, 멋있게 생각했던 경우를 생각하면 된다. 매스컴의 영향으로 연예인을 생각할 수도 있고, 학교 선생님의 영향으로 연구자, 교수, 교사를 생각할 수도 있고, 주위에 있는 이들의 영향으로 사업가를, 또 종교적인 영향을 많이 받는 경우에는 봉사하는 직업을, 아니면 자신이 좋아하는 것을 찾아 요리사를 생각할 수 있다. 세상이 넓은 만큼 이처럼 나아갈 방향은 다양하다.

　두 번째는 그것을 출발점으로 하여 집안 어른들과 또는 학교에서 상담을 하는 과정을 통하여 방향을 정하거나 수정하면 좋을 것이다. 부모나 주위 분들과 같은 멘토들과 의논하여 여러 가지 진로에 대한 책을 읽거나, 경험자들로부터 자세한 정보를 얻어 깊이 생각해보는 것이다. 세상에는 100% 만족스러운 직업은 없다. 어떤 장점이 있다면 단점도 따르게 마련이다. 사업가가 되는 것은 중간에 실패할 확률도 높고 위험성이 따른다. 선생님이 되는 것은 보람되고 어느 정도 직업의 안정성이 있으나 돈을 많이 벌지는 못한다. 돈, 권력, 명예, 자유로움… 모든 것을 다 취할 수는 없다. 무슨 일을 하던 수입의 차이는 있겠지만 먹고 살수는 있는 세상이다. 그렇다면 하고 싶은 일, 자기의 가치관과 부합되는 일을 우선적으로 선택하는 것이 좋다.

진로를 한번 정한다고 바꿀 수 없는 것은 아니다. 처음에는 큰 윤곽을 잡고 차차 구체적으로 정하는 것이 좋다. 중요한 것은 진로를 생각힐 수 있는 적극적인 지세이다. 깊이 있는 이야기를 나눌 수 있는, 세상 경험이 많은 멘토를 가질 수 있다면 더 좋을 것이다. 부모나 선생님이 멘토가 될 수도 있다. 주위에서 멘토를 찾기 어렵다면 적극직으로 찾아 나서라. 책을 보거나 인터넷만 뒤져도 얼마든지 찾아낼 수 있다.

진로를 정하는 전문 상담 기관에 가면 진로를 찾기 위한 여러 가지 테스트를 하여 몇 가지 가능성을 제시하겠지만 살다가 우연히 발견할 수도 있다. 그러기 위해서는 다양한 책을 읽고 여러 가지 경험을 하는 것이 좋다.

사례 : 미국 La Jolla 고등학교

　오래 전에 미국 캘리포니아 주에 있는 La Jolla 고등학교를 방문한 적이 있다. (참고로 La Jolla는 우리말로는 '라호야' 라고 발음한다. 스페인 말의 j는 영어 h와 같이 발음하고 ll은 발음하지 않는 묵음이기 때문이다.)

　그곳 교장선생님을 만나 그곳에서는 어떻게 학생들을 지도하는지 이야기를 들었다. 상담선생님(counselor)이 학생 지도를 담당하는데 상담선생님은 대부분 과목을 가르치지 않고 학생 상담에 모든 시간을 보낸다. 상담선생님은 학생들을 맡아 고등학교 입학 때부터 졸업 할 때까지 상담해 준다. 학업 흥미, 학업 성취, 진로지도, 인성지도 등 학생과 관련 되는 모든 것을 전문가의 시각으로 상담해 준다. 그리고 가끔은 (한 학기에 1~2 번 이상) 학부모와도 상담한다. 그렇기에 학생에 대하여 제일 잘 아는 선생님이다. 학업 성취도가 높으면 높은 대로, 부족하면 부족한 대로 학생의 진로 등에 대하여 학생이 사회에서 건실하고 행복하게 살아갈 수 있게 조언해 준다. 우리 고등학교에서도 이런 제도를 받아들여야 한다고 생각했다.

좋은 선생님을 만나 그분을 존경하다가 꿈을 찾을 수도 있다.

내가 좋아하고 존경하는 선생님 한 분을 소개한다. 그 분은 내가 중학교 3학년일 때의 생물선생님이다. 중3 때 생물 과목에서 유전을 배웠다. 40년이 넘은 아주 오래된 일인데 유전을 지배하는 데는 DNA가 있다고 하시면서 그 당시 과학계의 최신 이야기인 DNA의 작용에 대한 이야기를 해 주셨다. 그분은 이렇게 어린 중3 학생에게 과학에 흥미를 갖게 해 주신 분이면서 내가 지금의 생물공학자로 성장할 수 있도록 계기를 마련해주신 선생님이다.

고등학교로 진학하여 생물반에 가입하였는데, 그 선생님도 고등학교로 올라오셔서 생물반 담당 선생님이 되셨다. 그해 여름 방학을 선생님의 지도하에 실험을 하면서 보냈다. 탐구가 무엇인지 알 수 있도록, 실험을 하면서 자유롭게 이런저런 생각을 하게 해주신 선생님이다.

지금 교수가 되어 학생의 연구수행을 지도하는 경우에도 약간의 시행착오를 갖더라도 연구능력 개발 및 창의성 계발을 유도하기 위해 자유로운 생각을 하는 시간을 주는데 그 선생님에게서 배운 방법이다. 그 선생님은 제자들을 아끼신다. 한명 한명 이름을 불러주고 개인적 어려움도 들어 주시고 어려운 일이 있으면 나서서 도와주신다. 지금도 골치 아픈 문제가 생기면 만나 뵙고 이야기를 나눈다. 그러면 속이 시원해지고 해답이 보이는 듯하다. 이런 모습을 보여주는 선생님이 학교에 많았으면 좋겠다.

그러나 최근 교사에 대한 이미지는 매우 나빠졌고 앞으로도 쉽게 개선될 것 같지 않다. 학생들이 보기에 실력이 부족한 교사,

열심히 준비하지 않는 교사, 잘 가르치지 못하는 교사, 체벌 하는 교사들이 너무 많아 보이는 것 같다. 최근에는 성폭력 가해자로서의 교사의 모습까지 영화나 언론에 등장하여 우리를 놀라게 한다. 물론 모든 교사들이 다 그런 것은 아니다. 과거에도 폭력적 수준의 체벌은 있었고 교육 내용 및 방법에 대한 불만도 있었다. 그러나 휴대폰과 인터넷 등 IT 기술의 발전으로 하나의 사건이 급속히 전국으로 확산되고 있고, 학생이나 학부모의 선생님에 대한 가치관도 많이 바뀌어 존경의 대상이 아닌 하나의 직업인으로서의 교사를 대하는 듯하다. 최근 사교육 의존도가 높고, 선행학습 분위기가 확산되면서 공교육에 대한 신뢰가 떨어지는 것도 교사의 권위와 교사에 대한 존경심이 떨어지는데 영향을 주었다.

학생들이 선생님을 존경하고 선생님을 믿고 따라야 교육이 바르게 설 수 있다. 그러기 위해서는 먼저 교사가 좋은 모습을 보여야 한다. 선생님이 교육의 주체이기 때문이다. 그런 노력과 동시에 학부모와 학생이 교사를 신뢰하고 믿어 주는 것도 필요하다. 학교는 지식만 배우는 곳이 아니다. 우리의 모든 젊은이들이 지식은 물론 지혜를 배우며 인성을 키우는 곳이기 때문이다. 선생님을 존경하는데서 꿈을 찾고 키워나갈 수 있도록 하기 위해서는 선생님의 권위를 되찾아 주어야 한다.

팀워크를 교육한다.

나는 가끔 학생들에게 그룹으로 하는 과제를 준다. 팀워크 (Team work)가 중요한데, 그것을 어떻게 교육에 반영하는가는 중요한 과제이기 때문이다. 실험은 대개 2~3명이 한 조를 이루어한다. 일반 강의 과목인 경우 많지 않지만 그룹과제를 준다. 어떤 주제에 대하여 3-4명이 역할을 분담하고 자료를 조사하고, 토론하고 리포트를 작성한다. 과제 발표도 나누어 한다. 그러면서 혼자 하는 것보다 팀으로 하는 것이 필요함을 익힌다. 마음에 들지 않는 학생과도 과제를 같이 하는 경험을 한다.

팀워크는 강의실에서도, 강의실 밖에서도 이루어져야 한다. 이렇게 해서 여러 사람의 지혜를 구하는 방법을 익혀야 한다. 그래서 새롭고 발전된 단계로 가는 것이다. 자기보다 못한 동료와

6 · 학생은 행복할 권리가 있다.

167

도, 성격이 괴짜인 동료와도 힘을 합할 수 있어야 한다. 이런 경험으로 화해하고 협력하는 방법을 배울 수 있게 된다.

얼마 전 필리핀을 방문했을 때의 일이다. 한국인 엄마가 아이를 음악 학원에 보낸다면서 나에게 이런 얘기를 들려주었다. 자녀가 피아노, 바이올린 등을 다룰 수 있도록 음악학원에 보내는데, 연습을 하여 악기를 잘 다루는 것만이 음악교육의 목표가 아니라는 것이다. 음악교육은 단순히 악기를 다루는 것을 배우는 것이 아닌 정서적 교육이고, 여럿이 하모니를 이루는 것을 배우는 교육이다. 뛰어난 음악가 중 극히 일부만이 독주를 할 기회를 얻는다. 대부분의 학생은 음악단의 단원으로 또는 오케스트라 단원으로 협주를 한다. 그러므로 다른 이들과 호흡을 맞출 수 있어야 한다. 그래서 그곳 음악학교에서는 초보인 경우에도 네 번째 시간에는 협주수업을 실시한다고 한다. 같이 호흡을 맞추어 팀으로 활동하는 것의 중요성을 체험시키는 것이다. 또 반복 연습에 의한 연주 능력 향상보다는 음악 그 자체를 좋아하고, 처음 보는 악보라도 도전해 볼 수 있도록 기초를 강조한다고 한다. 이는 우리나라의 일반적인 연주기술 위주의 음악교육과 대비되는 사례이다.

기초를 중시하고, 협동심을 강조하는 것은 수업에서도 적용된다. 혼자 조사하여 숙제하고 발표하는 경우도 있지만, 여럿이서 같이 과제를 수행하고 같이 발표를 하도록 유도하는 것이 중요하다. 취미 활동, 봉사 활동 등 특활반 운영을 통해서도 팀워크가 길러진다. 이러한 과정에서 사회성이 길러지는 것이다. 세상에는 잘난 사람, 못난 사람, 착한 사람, 나쁜 사람 등이 있다. 이들과 같이 어울려 공통의 목표를 추구하는 과정에서 험한 세상을 이겨나갈 수 있는 능력이 배양되는 것이다. 우리 주위에는 어려운 이웃이나 장애인도 많다. 그런 이웃들과 공존하는 법을 배워야 한다. 그러기 위해서 봉사하는 습관이 몸에 배도록 가르쳐야 한다. 봉사를 통해 불우한 사람들의 삶의 질을 향상시키기 위해 노력하다 보면 그것이 나의 삶을 풍요롭게 한다는 사실을 깨닫게 되기 때문이다.

학교에서도 단체 활동에 도움이 되는 교육을 많이 해야 한다. 예를 들어 체육은 건강한 몸을 만들고 유지하는 데 필요하다. 동시에 여럿이 같이 하는 경기는 팀워크를 기르는 것이며 공정한 게임의 규칙을 배우는 것이다. 건강한 몸을 만들고 체력을 키우기 위하여 수영, 달리기 등의 혼자 하는 운동도 필요하다. 거기서는 자기와의 싸움에서 이기는 의지력을 키울 수 있다. 또 축구, 농구, 배구 등 여럿이 같이 하는 운동을 하며 팀워크를 통해 역할분담에 대하여 눈을 뜨고 협력하는 것, 그리고 규칙을 지키는 것에 대해 배울 수 있다.

학교에서는 학생들의 학생회 활동을 적극 장려하고 지원하여야 한다. 학생회는 그저 의례히 존재하는 것이라고 생각하고, 문제만 일으키지 않으면 좋겠다고 생각하는 이들도 있다. 그래서 학생회 활동을 장려하고 지원하는 데는 적극적이지 않다. 학생회를 긍정적이고 교육적인 시각으로 바라보아야 하는 이유는 거기서

169

학생들이 자율적으로 토론하고 결정을 내리는 과정이 이루어지기 때문이다. 학생들의 자치활동을 지원하고, 강의에서 팀워크 활동도 장려하고 지원해주는 것이 교육의 중요한 부분이다.

요즈음은 강의실에서 모자를 쓰고 강의를 듣는 학생들을 보는 것은 예사로운 일이 되었다. 처음에는 강의실에서는 모자를 벗는 것이 예의라고 가르쳤지만, 해가 거듭되면서 모자는 패션의 일부이니 상관하지 않겠다는 분위기가 자리 잡았다. 나를 비롯한 교수들의 입장이 상당히 변한 것이다. 최근에는 1학년 신입생 교실에 들어가면 예전에는 전혀 생각하지 않았던 또 다른 일들이 벌어진다.

- 휴대전화로 문자를 주고받는다.
- 엎드려 잔다.
- 중간에 강의실을 나갔다 들어왔다 한다.
- 다른 책을 보고 있다.

처음에는 학생들이 왜 그러는지 몰랐다. 그러다가 이런 현상이 다른 강의실에서도 일어나는, 신입생들에게는 일반적인 현상이라는 것을 알게 되면서 그 이유를 생각해 보았다. 답은 간단하다. 고등학교 때에 그렇게 지냈고, 그래도 되었기 때문에 대학에와서도 같은 행동을 하는 것이었다. 고등학교 공교육 붕괴의 연장선이 대학에 이른 것이다. 몇 번쯤 경험하고는 외국 대학에서는 생각도 할 수 없는 일이라고 학생들에게 주의를 주면 이러한 행동들이 줄어들었다. 서울대학교 신입생도 이러하니, 다른 대학의 경우도 미루어 짐작할 수 있는 일이다. 강의실에서 학생으로서의 기본적인 예의를 주장하는 것이 보수적인 사고 때문일까. 강의실에서 지켜야 할 교수와 학생사이의 최소한의 에티켓은 시간이 지난다고 해서 변하는 것이 아니다.

학생의 인성교육이나 사회진출 등과 관련하여 대학에서 어디까지 관심을 가져야하는가? 학생은 대학에 다니면서 교양교육과 전공교육을 받고, 이수학점을 채우면 졸업하는데, 따라서 대학은 교양교육과 전공교육에만 관심가지면 되는가? 그 질문에 답하기 전에 대학과 대학졸업생에 대한 몇 가지 불만을 생각해보겠다.

- 대학을 졸업해도 간단한 영어도 못한다.
- 졸업생들이 나약하고, 최근 자살하는 학생들이 늘어난다.
- 대학을 나와도 취직도 제대로 못한다.

그렇다면 대학이 졸업생의 영어, 인성, 취직까지 모두 책임져야 하는가? 책임을 질 수는 없겠으나 대학이 이 모든 것에 대해 진지하게 관심을 가지고 학생과 같이 노력하는 모습을 보여주어야 한다.

171

이와 같은 생각으로 서울대학교에서는 학생처를 두어 학생의 제반활동을 지원하고 있다. 학생상담센터, 취업지원센터를 운영하고, 동아리활동을 지원하는 것이 그 예이다. 그러나 대부분이 예산이 많지 않기에 학생이 찾아가 도움을 요청하면 도와주는 정도에 그친다. 대학에서는 예산을 더 투자하여 학생들을 찾아가 적극적으로 도와주는 데까지 힘을 쏟아야 한다. 분명히 문제가 있는데도 혼자 끙끙 앓기만 하고 도움의 손길을 청하지 않는 학생들도 많기 때문이다.

가정교육이 교육의 시작이다.

최근 KAIST학생의 자살이 사회적으로 문제가 되었다. 서울대 학생도 일 년에 몇 명씩 자살을 한다. 어느 사회이던 자살을 하는 이들이 있겠지만 최근 더 증가하고 있다. 기업체 임원들의 이야기도 요즈음 젊은이들은 나약하다고 한다. 어려운 일, 힘든 일은 피하고 이기적이라는 것이다. 적극적으로 일을 찾아하기보다는 지시하는 것만 한다고 한다. 그래서 대학에서는 학생상담센터 예산을 늘리고 전문상담사를 더 많이 채용하고 있다. 왜 이렇게 되었을까? 이 무한 경쟁의 사회에서 그렇게 나약한 젊은이들이 적응하고 살아남을 수 있을지 걱정이다.

오래전에 미국 대학의 입학담당관에게 대학에서 학생을 선발할 때 왜 예체능을 강조하느냐고 물었다. 실제로 미국대학에 지원하는 경우, 악기 하나쯤 다룰 수 있어야 대학으로부터 기본 점수를 받는다. 그래서 우리나라 교포의 경우에 자녀를 좋은 대학에 보내기 위하여 바이올린, 피아노 또는 색소폰 등을 가르친다. 그것은 우수한 예술적 능력을 가진 학생을 선발하려는 것이 아니라, 다른 학생과 잘 어울릴 수 있는 그리고 정서적으로 안정된 학생을 선발하려는 것이라는 대답을 들었다.

악기를 연주하다 보면 스트레스가 쌓일 때도 그것을 극복하고 정서적으로 안정감을 되찾을 수 있어 삶에 큰 도움이 될 것이다. 미국의 입학담당관들은 이런 점가지 감안하여 수험생을 평가하는 것이다. 내가 입학 업무를 담당하면서 대학에서 예능까지 포함하여 종합적으로 평가했으면 좋겠다고 의견을 제시하고 싶었지만 우리의 경우에는 이런 조치가 어릴 때부터 사교육을 더욱 조장하게 될 것이라고 판단되어 더 이상 논의하지 않았다.

나는 지금도 학생들에게 예술에 관심을 가지라고 당부한다. 예술을 즐기다 보면 정서적 안정으로 풍요로운 삶을 살 수 있고 남다른 창의적 의견을 제시하는데 도움이 된다. 그래서 가끔 학생들과 음악회나 미술 전시회를 찾는다. 이렇게 여유로운 시간을 가지는 것은 결코 시간 낭비가 아니며 나중에 언제인가 생산적 효과를 가져다 준다는 사실을 잘 알기 때문이다. 한 인간이 정서적으로 안정되지 않으면 주위와 조화를 이룰 수 없다. 예술적 관심을 가지고 살아야 과학기술과 융합하는 창의적인 착안점을 찾아낼 수도 있다. 또 대학에서 공부만 할 것이 아니라 써클 활동등을 통해 남과 어울리는 방법을 익혀두어야 한다. 위에서 언급한 바와 같이 팀워크를 잘 이루는 것도 실력이기 때문이다.

학교 현황에서 조사한 학생들의 고민을 나누어 보면 대략 다음과 같이 정리할 수 있다.

1) 진로 문제 : 앞날을 생각해도 뚜렷한 진로가 보이지 않고 미래에 대해 자신감이 없다.
2) 학교 문제 : 학교에 친구가 없고 공부하기도 싫다.
3) 가정 문제 : 부모의 관심과 사랑을 받지 못하고 있어, 부모의 사랑이 그립다. 부모와 대화가 통하지 않는다.
4) 정신건강 문제 : 자기 자신을 잃어버린 것 같고 매사에 자신감이 없나.

방과 후에 어떤 학원에 가서, 무슨 공부를 해야 하는지를 부모가 결정한다. 아이들의 장래 직업을 부모가 결정한다. 이러한 환경에서 자란 아이들이 어른이 되면 어떨까? 혼자서 의사결정을 잘하지 못할 뿐만 아니라 물건 하나 사는 것도 어렵다. 모든 것을 부모에게 의존했으므로 사회에서도 홀로서기를 하기가 어려워 타인에게 의존해야 한다.

요즘 우리 사회 대다수의 가정에 자녀는 한두 명밖에 없다. 어느 집이나 자녀를 소중히 여겨 자녀를 위하여 최대한 좋은 환경을 제공하려고 노력한다. 가까운 거리도 차를 타고가게 한다. 조금만 춥거나 더워도 신경을 쓴다. 학교에서 교실청소도 못하게 한다. 원하는 것이 있으면 가능한 한 다 사주려고 한다. 이런 환경에서 자라난 아이들은 조금만 어려움이 닥쳐도 이겨내지 못한다. 강인한 의지력을 키울 기회를 가지지 못했기 때문이다.

또 아침부터 밤늦게까지 학원 다니고, 공부하느라 친구들과 놀 시간이 없다. 학교에서 쉬는 시간이면 부족한 잠을 잔다. 학급 친구들과는 내신경쟁을 하므로 동료라기보다는 적수라고 생각한다. 가정에서도 형제가 거의 없으니 외롭다. 이기적이어서 이웃을 배려하는 마음이 별로 없다. 남과 같이 어울려 무엇을 하는 것이 어렵다. 지금 우리 아이들이 이렇게 자라나고 있다.

이처럼 사회나 학교에 적응하지 못하는 학생을 위해 교육청마다 학생상담/지도센터가 급증하고 있다. 상담센터에 학생상담을 의뢰하기 위해서는 담임교사가 여러 가지 서류를 챙겨야 한다. 가뜩이나 잡무에 시달리는 교사는 학생이 상당히 심각한 상태에 이르지 않으면 그런 곳에 상담을 신청하지 않는다. 그럴수록 학생들의 마음의 병은 깊어만 간다.

전국적으로 심각한 이와 같은 인성교육의 문제를 어떻게 해결할 수 있을까? 너무나도 당연한 이야기겠지만, 문제가 복잡할수록 원칙으로 돌아가야 한다. 자기 결정 능력은 인간이 가지고 있는 가장 귀중한 가치의 하나이다. 지나치게 엄격한 훈련이나 자유방임에 의해서는 이러한 능력이 형성되지 않는다.

외국 아이들에게 카메라 또는 마이크를 주었을 때 그들은 자기의 생각을 조리 있게 잘 표현하는 반면, 우리는 왠지 쑥스러운 표정을 지으며 자기의 의사를 잘 전달 못하는 것을 많이 본다. 이런 경우 말하기 교육의 부족을 지적할 수도 있겠으나 가장 큰 이유는 자기 스스로 의사 결정을 하고 그것을 표현하는 가정교육이 부족한 탓이다.

흔히 초강대국인 미국 등 선진국을 움직이는 민족의 하나로 유태인을 꼽는다. 이들의 성공 요인 중 하나는 독특한 그리고 강하고 엄격한 교육을 대를 이어 물려주는 것에 있다. 유태인들의 부모들은 그들의 자녀들에게 다방면으로 재능을 키우고 섭할 수 있도록 어려서부터 많은 시도들을 한다. 예를 들면 잠들기 전 자녀들에게 책을 읽어주면서 아이들과 깊이 있는 대화와 눈높이를 맞추는 화법으로 아이들에게 폭넓은 사고와 자신의 생각을 표현할 수 있는 능력을 끊임없이 키워준다. 또한 음악 및 예체능 활동을 적극적으로 장려하며 그들에게 마음의 평안과 여유를 스스로 찾을 수 있는 기회를 제공해 준다. 이처럼 엄격한 교육 속에 스스로 자율성을 부여하는 교육방법을 통해 세계에서 큰 영향력을 가진 민족으로 자리 잡은 것이다.

학습 태도에는 문제가 없지만 생각하기를 싫어하는 아이들이 있다. 이런 아이들은 수학 문제를 풀면서도 사고를 하지 않는다. 이렇게 되면 학년이 올라갈수록 성적이 떨어지고 자신감도 낮아진다. 그렇다면 왜 아이들이 생각하기를 싫어할까? 이유는 언어의 기반이 약하기 때문이다. 조리 있는 표현을 한다는 것은 그만큼 논리적으로 사고한다는 뜻이며, 언어에 대한 개념을 분명히 가지고 있다는 뜻이다. 어휘력이 풍부해야 어떤 말의 사전적인 의미를 빨리 그리고 정확하게 이해하고 그것을 바탕으로 사고를 하는 것이다. 그런 학생들이 수학적 사고에서도 깊이 생각할 수 있는 능력을 가진다.

모든 학습은 감각기관을 통해 받아들이는 자극이 있어야 이루어진다. 때문에 어릴수록 오감을 활용한 교육이 필요하다. 그래서 아이가 눈으로 보고 귀로 듣고 코로 냄새를 맡고 입으로 먹어 보고 손으로 만져 보아야 한다. 이러한 경험이 생각을 유연하게 만들어 학습에도 좋은 영향을 준다. 그래서 아이들에게 무엇이든 하지 못하게 금지시키는 종래의 교육방법은 크게 잘못된 것이다. 오히려 자꾸 무엇인가 시켜보는 적극적 방식이 이 시대에 맞는 교육방법이 된다.

언어 능력의 향상은 책을 통해서도 이루어지지만 다양한 경험을 통해서도 이루어진다. 나이가 들수록 이해력이 풍부해지는 것은 바로 경험이 풍부해지기 때문이다. 아이들이 가지고 있는 어휘량은 직접적인 경험, 대화와 토론, 독서 등과 같은 활동에 따라 큰 차이가 난다. 아이들이 가장 친숙하고 편안하게 이야기할 수 있는 상대는 역시 부모이니 이 점을 이용해 아이와 대화의 폭을 넓혀 수시로 토론하는 습관을 들이는 것이 중요하다. 아이가 책을 읽고 나면 편안하게 자기 생각을 표현하는 습관을 들이도록 한다. 이때 부모의 역할은 아이가 책의 내용을 제대로 이해했는지 물어보거나 줄거리를 간략하게 말해보도록 하는 것이다. 그리고 유치하더라도 반드시 자기의 의견을 말할 수 있는 기회를 주어야 한다.

과학 관련 책 등에는 다소 어려운 내용이 있을 수도 있으므로 부모가 책의 내용을 체크해 아이가 정확하게 이해하도록 돕는 것도 중요하다. 부모와 아이가 함께 책을 읽고 서로의 생각과 느낀 점에 대해 말해보는 것도 좋다. 아이에게 "왜 그렇게 생각하니?", "네가 주인공이라면 어떻게 했을까?" 등의 질문을 던져 아이 스스로 인과관계를 따지고 자신의 생각을 전달하는 능력을 길러주어야 한다. 대화할 때 주의할 점은 부모와 아이가 적당한 거리를 유지해야 한다는 점이다. 부모의 생각이나 의견을 아이가 일방적으로 받아들이게 되면 스스로 생각하는 능력을 기를 수 없기 때문이다. 따라서 토론할 때만큼은 서로 존댓말을 쓰는 것도 좋은 방법이다.

부모의 역할은 아이들에게 다양한 정보를 제공하는 것이다. 그리고 여러 정보들을 이용하여 자녀가 직접 결정하도록 유도해야 한다. 절대로 부모의 생각을 강요하면 안 된다. 미리 결론을 내놓고 정보를 제공하여도 안 된다. 부모가 보기에 잘못 되었거나 부모와 다른 결정이라도 내리더라도 그 결정은 존중되어야 한다.

자녀의 인성개발을 위한 check list

심리학자가 제시하는 자녀들의 효과적인 학습법 중 몇 가지를 소개하면 다음과 같다. (참고문헌 4)

1. 성적이 우수한 다른 아이들과 비교하지 않는다.
2. 고정관념을 깨는 생각을 키운다.
3. 학습동기를 제공하는 지적 호기심을 자극하는 것이 중요하다.
4. 나와 다른 생각의 차이를 존중한다.
5. 체험으로 새로운 지식을 알게 한다.

똑똑하고 영악한 아이들로 넘쳐나는 요즘 같은 세상에서 '착하다' 는 말은 남들보다 덜 똑똑하고 늘 손해만 볼 것 같은 부정적인 이미지가 강하다. 그러나 착한 아이, 도덕성이 높은 아이가 그렇지 않은 아이에 비해 더 성공할 확률이 높다는 연구 결과가 있어 관심을 끈다. 착한 아이, 즉 도덕성이 높은 아이가 성공하는 이유는 도덕성을 구성하는 요소에 자신의 충동을 자제하고 주어진 규칙을 따르는 능력, 타인의 심정을 이해하고 공감하여 배려하는 능력이 포함되어 있기 때문이다. 이러한 능력은 공부를 잘하기 위해 필요한 능력과 리더십을 위해 필요한 능력에도 요구되는 것이다. 연구 결과 도덕성이 높은 아이들은 더 높은 집중력을 보였고 낙관적이었으며 또래 관계도 잘 형성되어 있고 자신이 유능하다고 인지하는 경향이 강했다. 또한 과잉 행동, 문제 행동, 공격성 등도 평균 이하로 나타나 이러한 자질들이 아이의 성공을 돕기 때문에 성공할 확률이 높은 것이다.

도와주기, 나누기, 협동하기 등은 모두 도덕적 행동으로 이는 사회적 유능함을 이루는 중요한 요소이다. 도덕적 행동을 하는 어린이는 타인을 도와주면서 자신을 소중하게 여기게 된다. 또 도덕적 행동을 하면서 '나는 필요한 사람이다, 나는 무슨 일이든지 할 수 있다, 나는 중요한 사람이다' 라는 생각을 하게 된다. 즉, 도덕적 행동을 하면서 얻는 자신이 유능하다는 느낌, 만족감, 건강한 자아상, 긍정적인 사회적 관계 등으로 인해 긍정적인 감정과 행복감을 얻게 되는 것이다.

도덕성이 높은 아이는 일반적으로 옳고 그름을 구별할 수 있고, 이런 구분에 따라 행동하고, 공정하게 행동하는 것에 대해 자부심을 느끼며 자신의 기준을 위반하는 행동에 대해 죄책감과 수치심을 느낄 줄 아는 성격과 태도를 가지고 있다. 결국 도덕성이란 하고 싶은 충동을 억제하는 것, 하기 싫은 것도 해야 하는 것을 알아 자기 자신을 조절하는 능력이다. 또한 도덕성에는 다른 사람을 배려하고 도와주는 능력도 포함되는데, 타인을 배려하는 성향이 높은 아이일수록 삶에 대한 만족도가 높고 더 희망적이며 낙관적 성향을 가지고 있다.

아이의 도덕성은 태어나면서부터 발달해가기 때문에 도덕성 교육은 아주 어린 시절부터 시작하는 게 중요하다. 도덕적인 행동은 영아 때부터 나타나기 시작해서 인지 발달과 더불어 차츰 발달해간다. 하버드대학 심리학자 햄린에 따르면 가장 어린 연령대로는 3개월 영아도 친사회적 행동을 하는 사람을 선호한다고 한다. 또 독일 막스플랑크연구소 바르네켄은 생후 18개월의 아기들도 타인을 돕는 이타적 행동을 한다는 점을 밝혀냈다. 이 연구에서 실험자는 생후 18개월 된 아이 앞에서 수건을 빨래집게로 집거나 책을 서가에 꽂는 행동을 하다가 우연히 집게나 책을 떨어뜨렸다. 이를 바라보던, 채 두 살이 안 된 아이들이 상대가 도움이 필요하다는 것을 인식하고 실험자에게 다가가 떨어뜨린 물건을 주워준 것이 그 예이다.

영아들은 칭찬이 목적이 아니라 단순히 타인을 돕는 것 그 자체가 필요하다고 느끼는 것처럼 기꺼이 도움을 제공하였고, 실험자가 도움이 필요한 상황과 그렇지 않은 상황을 구분할 수 있었으며, 나아가 즐거운 놀이를 하고 있을 때에도 그것을 그만두고 돕는 행동을 하였다. 위의 연구 결과들을 통해 도덕성과 관련된 동기 및 능력은 본능적으로 타고나는 측면도 있지만 연령에 따라 인지와 정서 등이 발달하면서 점차 도덕성도 발달해가므로 어린 시절부터 도덕성에 관한 교육을 하는 것이 중요하다는 교훈을 얻을 수 있다.

착한 아이 콤플렉스란 '착한 아이'라는 소리를 듣기 위해, 혹은 스스로 '착한 아이'가 되기 위해 내면의 욕구를 억압하는 말이나 행동을 반복적으로 하는 것을 말한다. 그 아이들은 '착하다'는 말을 듣기 위해 항상 전전긍긍하거나 불안해하는 증세를 보이기도 한다. 착한 아이 증후군에 영향을 미치는 가장 큰 요소는 부모의 양육 태도이다. 권위적인 성향의 부모가 아이에게 일방적인 지시를 내리고 그 지시대로 따르면 '착한 아이', 그렇지 않으면 '나쁜 아이'라고 얘기하면, 아이는 부모의 사랑과 인정을 받기 위해 무조건적인 순응을 보인다. 이것이 다른 사람과의 관계에까지 확장되어 착한 아이 증후군이 나타나는 것이다. 착한 아이 증후군을 예방하기 위해서는 아이에게 '옳고 그름'을 강요하지 말고, 아이 스스로 판단하고 결정할 수 있도록 도와주는 것이 필요하다. 즉, 부모에서 '착한 아이'라는 칭찬을 듣기 위해, 혹은 '나쁜 아이'라고 야단맞는 것을 피하기 위해 착한 행동을 하는 것이 아니라, 도덕성을 내면화하여 자율적으로 행동할 수 있도록 도와주는 것이 필요하다.

이상과 같이 가정에서 부모의 역할은 대단히 중요하다. 그런데 대부분의 부모는 자녀를 어떻게 키우는 것이 좋은 것인지 배우지 않았다. 자신의 경험을 토대로 눈치껏 자녀를 키우고 가르친다. 그러다 보면 많은 시행착오를 한다. 부모에게 자녀교육 방법에 대하여 가이드를 제시할 수 있는 교육기회가 주어져야 한다. 평소에 교육에 대하여 생각할 수 있는 기회를 줄 수 있다면 우리 자녀들을 더 강하고, 창의적으로 키울 수 있을 것이다. 부모도 자녀들을 키우는 방법에 대해 공부해야 한다. 근래에 자치단체 등에서 개최하고 있는 '어머니 교실' 또는 '아버지 교실' 등의 교육이 보편화 되었으면 한다.

7 •

대학입시는 대학에 맡겨야 한다.

대학에 맞는 인재를 뽑는다.

최근 대학교육협의회(homepage: http://www.kcue.or.kr/)에서 발표한 학생선발요령을 보면 한마디로 매우 복잡할 뿐만 아니라 너무 자주 바뀐다. 그러나 그 핵심은 모두 우수한 학생을 선발하겠다는 것이다. 정부의 소위 3불 정책 (고교등급제 불가, 지필고사 불가, 기여 입학제 불가) 때문에 지원자를 객관적으로 평가하기가 어렵다보니 이렇게 입학사정원칙이 복잡해진 것이다. 먼저, 대학에서의 학생선발의 원칙과 현실을 이해해야 개선책도 찾을 수 있을 것이다.

지금 세계는 무한 경쟁의 시대로 돌입하였고 하나의 네트워크로 연결되는 새로운 체제로 변화하고 있다. 미국의 경제학자이자 사회비평가인 제레미 리프킨 박사는 "새로운 문명이 다가오는 시점에서 세계 각국이 이에 걸맞은 새로운 비즈니스 모델을 갖추지 못하면 경쟁에서 밀릴 수밖에 없다"고 지적하고 있다. 최근의 새로운 정보통신기술, 생명공학기술 등이 이와 같은 여건을 만들어 주었는데 우리가 이러한 변화에 대응할 수 없다면 우리는 세계무대에서 도태될 것이다. 교육도 이와 같이 변화하는 세계화의 추세에 맞게 이루어져야 한다.

21세기는 글로벌 시대이다. 우수한 대학 졸업생은 이런 세계무대에서 훌륭한 리더가 될 수 있어야 한다. 국가와 민족을 생각하는 세계인, 자기분야에서 인류사회에 기여할 수 있는 전문가, 그리고 아름다운 인간애에 바탕을 둔 따뜻한 인간… 이것이 우리가 바라고 길러내야 하는 젊은이의 모습일 것이다. 암기위주의 공부로 좋은 점수를 받은 학생, 독불장군식으로 자기밖에 모르는 이기적인 학생, 친구도 없이 공부만 해서 일등한 학생은 대학이 원하는 학생이 아니다. 대학에서 필요로 하는 학생은 창의적인 학생, 우수한 지적능력을 기반으로 하여 세계무대에서 국가와 민족을 위하여 헌신하고자 하는 리더십이 있는 학생이다. 또한 자기가 생각하는 것을 잘 표현할 줄 아는, 이웃을 배려할 줄 아는 학생이다.

이런 소양을 갖춘 학생들을 선발하는 것은 어려운 일이다. 고등학교에서 전인교육이 이루어지고 수월성을 강조하는 교육이 이루어져야 고등학교 시절의 여러 자료를 참고로 하여, 또 필요하다면 대학특성을 고려한 별도의 테스트를 하여, 우수한 학생을 선

187

발할 수 있을 것이다.

대학에서 학생들을 선발하는 방식을 이야기하면, 아직도 가끔 성적으로 줄 세우기를 하느냐는 비판을 받곤 한다. 그러나 실제 많은 국가가 내신, 수능을 점수화하고 적성과 소질 등도 점수화하는 것이 현실이다. 단, 어떻게 점수화 하느냐 하는 것이 핵심이고, 세부적인 방법은 나라마다, 대학마다 다른 것이다.

내신과 수능성적이 좋은 학생은 일반적으로 성실하고 우수한 학생이라고 판단된다. 그러기에 미국의 우수 대학들은 우리의 수능에 해당하는 SAT 점수와 내신만으로 전체 학생의 절반 정도를 우선 선발한다. 물론 이 경우에도 이기적인 학생으로 판단되거나 추천서 등에서 문제가 제기되고 있는 경우에 입학은 유보되고 있다. 또, 중·고등학교 시절, 가정문제, 친구문제 등으로 학업에 불성실했지만 중간에 상황이 좋아졌거나 또는 자기반성을 하여 새롭게 학업에 전념한 학생에게도 패자부활전과 같이 입학의 기회를 주어야 한다. 내신만을 강조하는 경우 이러한 기회를 주기 어렵기 때문에 재수를 하게 되는 또 하나의 이유가 되는 것이다. 한창 나이에 좋은 대학을 가기 위하여 엄청나게 많은 수의 졸업생들이 몇 년씩 재수하고 있는 것은 우리나라와 일본 등에서만 볼 수 있는 사회적 현상으로, 개선책이 시급히 마련되어야 한다.

내신과 수능성적 등 교과평가에서는 다소 떨어지지만 학생이 전공하고자 하는 학문분야에 대한 의지와 그것을 보여줄 수 있는 배경이 남다르다면 그런 학생을 선발하는 것이 바람직할 것이다.

이러한 논리를 사회경제적 요인 때문에 자기의 잠재적 능력을 발휘하지 못한 경우도 적용해 주는 것이 바람직하나 현실적으로는 매우 어려운 문제이다. 가정이 빈곤하거나 불우해서 제 실력을 내지 못한 학생을 가려내기가 쉽지 않기 때문이다. 이러한 학생이 생기지 않도록 노력을 기울이는 것은 정부의 몫이고, 이러한 학생을 배려하는 것은 대학의 몫일 것이다.

종합적으로, 우수한 학생을 선발하여야 한다. 공부를 잘하는 학생도 필요하고, 좋은 특기와 적성을 가진 학생도 필요하다. 또 잠재능력이 있는 학생도 선발할 수 있어야 한다. 정부와 대학은 이처럼 국민에게 공정한 교육의 기회를 주도록 끊임없이 연구하고 노력해야 한다.

대학 입학처장을 하던 시절, 입시관련 정부 관계자들을 만났다. 정부관계자들과 만나면 대략 다음과 같은 대화가 이루어진다. 정부에서는 대학에 학생을 선발할 때 정부의 방침을 존중해 달라고 한다. 대학은 정부의 비합리적인 요소인 내신평가관련 고교등급제 불가 방침을 없애던가, 지필고사 불가 방침을 풀어달라고 한다. 그래야 대학입시가 가장 합리적이고 정상적으로 치루어진다고 주장한다. 그러면 정부관계자는 대학의 요구를 들어주면 잘사는 이들과 못사는 이들, 경제적 여유가 있는 지역의 학교와 그렇지 못한 학교의 불평등 문제가 제기 되는데 이는 정치적으로 뜨거운 감자라는 것이다. 그래서 대학과 정부의 입시관계자가 만나면 합의점을 찾기가 어렵다. 그러나 1년쯤 후에 다시 만나면 교육에 있어서 사회경제적 문제는 국가가 대폭 지원하여 해결하고 입시는 대학의 의사를 반영하여 합리적으로 하는 것이 좋겠다고 하는 방향에 공감대가 생기기 시작한다. 그러나 며칠 뒤 그 관계자는 다른 부서로 발령 나고 그러면 새로운 관리와 처음부터 다시 유사한 과정을 반복하게 된다. 또 새로운 정부가 들어서면 입시정책을 바꾼다. 이러한 정책의 변화는 지난 수십 년 전부터 지금까지 계속되고 있다.

대학입시는 중고교교육과 대학교육을 이어주는 연결고리이다. 입시가 제대로 되어야 중고교교육이 정상화 되고, 입시에서 좋은 학생을 선발해야 대학에서도 우수한 졸업생을 배출할 수 있는 것이다. 그러나 오늘의 현실은 이런 정상궤도에서 벗어나 있다. 중고교교육이 정상적으로 이루어지고 이것을 입시에 반영하여야 하는데 입시에 대비하는 수준으로 중고교교육이 이루어지고 있다. 고교 시절 3년간 공부해서 생활기록부에 기록된 교과 성적이 반영되어야 하는데 대학은 그렇게 하는 모양만 갖추고 실제로는 하루에 치러진 수학능력시험 결과를 중시하고 있다. 수능공부는 극단적으로 표현하면 정답 찍기 연습, 실수하지 않도록 하는 반복훈련으로 여기에 사교육비가 대부분 투입된다. 이런 수능을 중심으로 하는 대학입시 개혁이 교육개혁의 출발점이다.

대학에서 입시업무를 맡고 있는 이들은 현재의 입시제도에 불만이 많다. 지원자들을 객관성 있게 비교하는 것이 무척이나 어렵다는 것이다. 실제는 어려운 것이 아니라 비합리적요소가 많다고 보아야 한다. 정부에서는 고교의 내신을 반영하라고 한다. 단, 고교차이를 인정하면 안 된다고 한다. 대학에서는 정부의 방침에 따라 고교 내신 교과부분을 점수화는 하지만 그 결과가 객관성이 있고 합리적이라고는 생각하지 않는다.

또, 상위권 학생들의 경우 수학능력시험 점수 차가 별로 나지 않는다. 실수하거나 착각하여 한두 문제 틀리면 아래 등급을 받는다. 그러니 수능 점수도 변별력이 별로 없다. 변별력을 확보하기 위한 본고사는 금지하고 있으니 대학에서 생각해 낸 것이 논술, 면접 및 구술고사이다. 이들 시험에서 통계적인 방법도 동원하고 면접시간도 길게 하지만 수험생의 미묘한 차이를 객관적으로 평가하기는 어렵다. 그러다보니 운이 좋으면 서울대에 갈 수 있다고 생각하고 지원하는 경우도 있다. 세부적으로 살펴보면 수학능력시험도 전 과목을 응시하고 섬수를 제출히는 것이 아니다. 몇 몇 과목만 시험 보는 것이다. 그러니 학생들은 좋은 점수 얻을 수 있는 과목을 선택하려고 한다. 물리학과에 진학하려고 하는 학생마저 점수 따기 어려운 물리를 공부하지 않고 다른 과목을 공부하고 시험을 본다. 이것이 우리나라 대학 입학 전형의 현실이다.

내신, 수능, 논술 또는 면접 및 구술고사의 세부 평가기준이 학문분 야마다 다르고 대학마다 다르니, 대학에 지원하는 학생 입장에서 볼 때는 너무 복잡하다. 최근 등장한 입학사정관 제도는 겉으로 보면 매우 이상적이다. 점수위주로 학생을 선발하는 것이 아니라 학생의 배경, 소질, 적성, 그동안의 노력 등을 종합적으로 평가하니 가장 합리적이다. 대학은 이 방법으로, 지금까지의 비합리적인 전형방법의 일부를 해결할 수 있기에 큰 비판 없이 수용하기 시작하였다. 더군다나 정부에서는 재정적인 지원까지 하면서 이 방법이 만병통치약인 양 홍보하고 있다. 학생이 대학에 지원하는 경로가 하나 더 늘었으니, 학생입장에서는 더 복잡하게 된 것이다. 눈치를 보아야 하는 전형방식이 하나 더 생긴 것이다. 입학사정관제의 등장으로 학생과 학부형들은 더 혼란스러워 하고 있다. 그러면서도 입시의 비합리적 요소는 여전히 남아있다.

대학입시를 합리적으로 하려고 정부에서 새로운 안을 제시하면 사교육비가 올라간다고 반대하는 그룹이 있다. 국가의 교육정책이 합리성보다는 국민의 몇 %가 싫어한다, 또는 좋아한다는 정치적 이유로 결정된다. 그래서는 대학입시의 비합리적인 문제를 원천적으로 해결할 수 없다. 대학입시에 고등학교 교육이 종속되어 있다. 고등학교 교육이 정상적으로 잘 이루어지고 입시에서는 그것을 평가하여야 하는데 입시관련 교육이 고등학교 교육을 좌지우지하고 있다. 앞뒤가 바뀌어 있는데 그 순서를 바로 잡아야 한다. 먼저 고등학교 교육을 정상화 하고 각 대학에서 알아서 자기 대학에 맞는 학생을 뽑으라고 하면 된다. 대학입시는 그렇게 대학이 자율적으로 할 수 있도록 맡겨주면 된다.

고교교육 과정이
정상화 되어야 한다.

약10년 전 미국 캘리포니아 대학(UC Berkely) 입학처장이 서울대를 방문하여 우리와 대학에서의 학생선발에 대하여 의견을 교환하였다. 그 당시 서울대의 주된 학생선발 방법은 내신과 수능 점수에 비교과평가를 하고 면접을 하는 것이었다. 그런데 면접은 교수가 하는데 교수가 많은 시간을 할애해야 하고 객관성 있게 하기가 쉬운 일은 아니라고 했더니 그래도 교수가 자기가 가르칠 학생을 직접보고 평가하는 것이니 매우 부럽다고 하였다. 미국은 나라가 커서 면접은 현실적으로 불가능한데 서울대가 하고 있다고 하니 매우 긍정적으로 생각한 것이다. 그런데 내신평가는 고교평준화 정책에 따라 학교 차이를 인정 못하고 석차를 기준한다고 하였더니 그것은 이해 못하겠다고 하였다. 정부의 방침이라는 것이 외국인의 눈에는 이해할 수 없는 비합리적인 것으로 비쳐진 것이다.

대학마다 학생을 선발하는 방법이 너무 다양하여 전문가가 아니면 어떻게 돌아가는지 잘 모른다. 그러다 보니 학원 등에서 하는 입학설명회에 수많은 사람들이 몰린다. 최근에는 입학사정관 제도까지 등장하여 더 어렵게 느껴진다. 수많은 대학의 입학전형은 크게 몇 가지로 나누어보자.

1. 내신 + 수능성적 우수자 선발
2. 내신 + 수능성적 + 논술/면접/적성 시험으로 선발
3. 학생의 적성과 소질 등을 종합적으로 판단하여 선발

외국의 학생 선발 방법도 명칭과 세부사항은 다르지만 크게 보면 동일하다. 고교 내신, 수능과 관련되는 점수, 학생의 적성과 소질에 관련된 자기소개서 및 추천서 등 세 가지가 기본적인 평가자료이다. 일본의 경우에는 고등학교간의 차이를 평가하기가 어려워 내신은 중요하게 생각하지 않고 대신 본고사를 본다. 미국 등 큰 나라는 지역적 여건으로 논술/면접 등을 시행하기가 어려워 내신과 수능성적 서류심사를 위주로 하고 면접은 특별한 경우에만 실시한다.

우리나라의 경우에는 고교 간 존재하는 차이를 객관화 하지 말라는 정부의 정책 때문에 내신은 조금만 반영하는 형편이다.

조만간 정부의 정책에 변화가 와서 학생들의 실력을 객관적으로 평가할 수 있으면 내신도 상당한 정도로 반영될 것이라고 믿는다. 수능점수는 제일 객관성이 있는 자료이므로 대학이 중요하게 여기는 평가요소이다. 그러나 상위권 학생들은 한 두 문제만 틀려도 등급이 크게 달라지는 경우가 많으므로 상위권 학생들을 선발하는 대학들은 계속 문제를 제기하고 있다. 그렇지만 제일 객관적 자료이므로 입시에서 중요하게 생각한다. 논술, 면접 또는 적성시험 등은 상위권 학생의 경우 내신 성적 평가의 불합리성을 보완하고 변별력을 강화하기 위하여 시행하고 있는 평가요소이다. 최근 시행되기 시작한 입학사정관제도는 정부에게는 점수로 줄 세우기 하지 않는다는 명분을 주고 대학에게는 내신 성적 평가의 불합리성을 보완할 수 있다는 장점이 있기에 최근 많이 확산되고 있다.

미국의 경우에는 내신과 수능에 해당되는 SAT 점수를 합하여 대부분 이 점수가 높은 학생을 선발하고 조금 낮으면 소질과 적성을 고려하여 선발한다. 세부적인 방법은 다르나 크게 보면 우리와 평가요소는 동일하다.

미국 대학의 학생 선발 방식 : (예) UC Berkeley

미국 캘리포니아 주에 위치한 명문 대학의 하나인 UC Berkeley(University of California, Berkeley)의 입학처

(Office of Admissions)를 몇 번 방문하고 그곳 입학담당관을 한국으로 초청하기도 하면서 그곳 대학 입학 제도를 이해하게 되었다.

그곳 입학처에는 전일제 입학사정관이 20-30명 정도 있다. 조금 여유 있을 때는 입학서류 전형 방식에 대하여 토의하고 훈련하며, 입학 시즌이 다가오면 교사들을 보충하여 서류전형에 매달린다. 입학허가 신청서류는 성적표, SAT점수표, 자기소개서 및 관련 서류이다. 먼저, 10년 전 방식을 소개한다. 우선 고등학교 성적과 SAT점수를 합하여 1, 2, 3, 4등급으로 나누었다. 그리고 에세이로 대표되는 자기소개서를 보면서 종합적으로 평가한다. 고등학교 성적을 평가할 때는 학교의 특성과 수준을 고려한다. 또 AP 교과목에서 얻은 학점에는 가중치를 준다. 예를 들면 AP교과목에서 B학점을 받은 경우는 일반 교과목에서 A학점을 받은 것과 동일시한다. 쉬운 과목만 많이 들어 학점만 좋은 것은 별로 인정하지 않는다. 또 전공분야에 따라 대학이 요구하는 기초 소양에 해당되는 과목을 공부했는지를 살펴본다. 전공에 따라 SAT II 성적이 같이 요구된다. 1등급에 속하는 학생은 자기소개서에 결정적인 하자가 없으면 선발하고, 2등급은 자기소개서를 참고하여 우수한 경우 선발하고, 3등급인 경우에는 자기소개서에 전공하고자 하는 분야에 대한 관심, 소질, 적성, 경험 등을 참고해서 매우 우수한 경우에만 입학허가를 하고, 4등급인 경우 자기소개서가 예외적으로 우수하다고 인정되는 경우에만 입학허가를 한다.

비교과 평가로 표현되는 자기소개서의 평가 항목을 세분화하고 또 평가 기준을 세분화하여 하고 있는 대학도 있지만 이러한 방식은 혹 객관성에 대한 문제가 제기될 수 있기에 UC Berkeley는 종합적으로 자기소개서를 평가하였다. 최근에는 성적과 SAT 점수, 자기소개서로 나누어 하던 방식을 전체를 종합적으로 평가하는 방식으로 바뀌었다고 한다. 이것은 입학사정관의 객관성을 확보하기 위한 방법으로 도입되었다.

* AP(Advanced Placement)과목 : 상급수준의 교과목

대학입시에서 원칙적으로 고려해야 할 사항은 대학이 고교 내신을 제대로 활용할 수 있어야 한다는 것이다. 그것은 학생을 단순한 점수가 아닌 실력으로 평가하는 것이다. 이렇게 해야 학생이 진짜 실력을 키울 수 있고 학교 선생님이 학생의 실력을 길러주기 위해 더 노력하는 분위기를 만들 수 있다. 평가 방법은 대학에 맡겨야 한다. 대학은 외국의 오랫동안의 경험을 참고하여 객관적인 방식을 선택할 것이다. 그렇더라도 대학별로 본고사 형식의 지필고사를 도입하는 것보다는 고교 내신을 잘 활용하는 것이 고교교

육 정상화에 기여할 것이다. 대학도 지필고사 문제를 출제하고 관리하는 어려움보다는 이 방식을 선호할 것이다. 고등학교의 교육은 입시에 초점이 맞추어져 있다고 하여도 과언이 아니다. 대입전형방식을 바꿔야 공교육도 정상화되고, 사교육도 줄어들 수 있다. 그러기 위해서는 먼저 대학이 고교 내신 성적을 객관적으로 인정할 수 있도록 자율권을 주어야 한다.

서울대의 모집단위별 수능 영역을 살펴보면 인문대, 사회과학대의 경우 사회 또는 과학탐구영역이 가능한 것으로 되어 있으나 자세히 보면 사회탐구 응시를 원칙으로 하고 과학탐구 응시자는 선발인원을 제한한다고 명시하여 실질적으로 사회탐구를 선택하도록 요구한다. 공과대학의 경우는 과학탐구 응시가 원칙적으로 되어 있다. 입시부담을 줄이려는 의도는 이해하지만 서울대에 지원하려는 지원자가 이 정도만 공부해서는 안 된다. 미국 유명대학에 지원하려는 지원자의 경우는 어느 정도 이상의 사회, 과학 공부를 요구하고 있다. 우리가 그들보다 못할 이유가 없다. 특히 융합시대 인재가 갖추어야할 필요 소양을 생각하면 인문사회와 자연과학의 균형 있는 공부가 꼭 필요하다.

대학에서는 수능시험 과목만 편식한 학생을 선호하지 않는다. 그래서는 대학에서 공부하는데 필요한 기초소양이 부족하기 때문이다. 아니면 대학에서는 신입생들에게 고등학교 수준의 교육을 시킬 수밖에 없다. 인문사회계 대학에 진학하려는 학생은 인문

사회계 기초가 있어야 하지만 동시에 과학 분야 공부도 어느 정도는 해야 한다. 마찬가지로 이공계 대학에 진학하려는 학생도 폭넓은 과학 공부를 하고 거기에 기본적인 인문사회 공부를 해야 한다. 그런데 수능위주로 선발하게 되면 수능 선택 과목만 공부하고 다른 과목은 대충하거나 아예 쳐다보지도 않는 것이 현실이다. 미국 대학은 이 문제를 어떻게 해결하고 있는지 조사했다. 그들은 학생들에게 분야별로 고등학교에서 이수하여야 하는 과목과 그 수준을 명시하고 있다.

우리도 이처럼 각 대학이 고등학교에서 이수할 교과목과 수준을 대학 자율적으로 제시하고 그 조건을 충족한 학생을 선발한다 면 고교교육도 정상화 할 수 있다. 그래야 대학은 대학의 특성에 맞는 학생을 뽑을 수 있다. 참교육을 외치는 이들두 이런 방법이 전인교육을 위한 가장 합리적인 방안이라고 보고 지지하고 있다. 그러나 대학들은 이런 방식을 기피한다. 이렇게 여러 가지 조건을 붙이면 우수한 학생들을 다른 대학에 빼앗길 수도 있다고 보기 때문이다. 이 문제는 대학들이 머리를 맞대고 지혜롭게 풀어야할 과제의 하나이다.

당국에서는 입시 제도를 조금만 바꾸려고 해도 사교육이 조장된다고 우려를 표한다. 특히 대학에 입시를 맡기면 본고사 체제로 돌아가고 사교육 확대로 이어져 곧 나라가 망할 것처럼 호들갑을 떤다. 그래서 어떤 시도도 해보지 못하고 EBS 강의에서 수

표. 미국 캘리포니아 대학 지원 교과목 이수 요건 사례

구분	이수 요건★ 9학년 포함	과목 및 선택 방법
a. 국사/ 사회과학	2년 (16)	[미국역사 1년] + [세계사, 문화, 지리학 1년]
b. 영어(→국어)	4년 (32)	읽기(문학), 쓰기(작문) 포함
c. 수학	3년(4년+)(24~32)	기초 대수, 기하, 상급 대수
d. 실험과학	2년(3년+)(16~24)	생물학, 화학, 물리학(※생물학, 화학, 물리학 중 하나의 기본 개념 및 기술을 포함하여 다루는 경우에는 지구과학, 해양학, 지질학, 미생물학, 해양 생물학 또는 환경 과학도 인정)
e. 제2외국어	2년(3년+)(16~24)	−라틴어, 히랍어 등 고대어도 선택 가능 −일상적 주제에 대한 간단한 대화 또는 간단한 문장을 말 또는 글로 요약할 수 있는 능력)
f. 시각 및 수행 예술(VPA)	1년(8)	−무용, 연극/영화, 음악 또는 시각 예술 −5가지 기준(예술적 인식, 창의적 표현, 역사/문화적 맥락, 미학적 가치, 적용)
g. 대학 예비 선택 교과	1년(8)	−시각 및 수행 예술, 역사, 사회과학, 영어, 상급 수학, 실험과학, 제2외국어 −정치학, 경제학, 지리학, 인문학, 심리학, 사회학, 인류학, 저널리즘, 연설 또는 토론, 컴퓨터 과학, 컴퓨터 프로그래밍 등도 대체 가능 −학업기술 향상, 대학 전공학습 기회 제공 의도−11~12학년 동안 이수해야 함
합계	총 15Unit (약 120단위)	★최소 7Unit(약 56단위)은 11~12학년에서 이수해야 함

※ Carnegie Unit(1Unit = 주당 4~5시간씩 1년 이수, 연간 최소 120시간, 한국 8~10단위 정도에 해당)

능문제를 출제하는 차마 웃을 수 없는 현상이 벌어지고 있다. 그리고 입학사정관 제도에 매달려 복잡하게 얽힌 교육문제를 한꺼번에 해결할 수 있는 것처럼 착각한다. 이 문제는 사교육비 절감이 아닌 공교육의 목표달성과 정상화를 앞세워 풀어가야 한다. 그 다음에 사회 경제적 약자를 배려하는 정책을 펼쳐야 한다. 그런데 지금은 가난한 사람들이 소외감을 느끼지 않도록 하기 위해서 입시 제도를 바꾸지 못한다는 것이니 본말이 전도된 셈이다. 입시는 대학에 맡겨 인재를 스스로 찾도록 하면 된다.

대학원 학생을 지도한 경험에 의하면 대학의 성적평점(GPA)이 4.0 정도이면 매우 우수한 학생으로 수업에 잘 적응한다. 평점이 3.0 정도이면 우수한 학생이다. 공부만 열심히 했는데도 평점이 낮으면 성적이 좋은 학생보다 부족한 부분이 있을 것이다. 그러나 공부 이외에도 다른 활동을 많이 했다고 하면 평점이 4.0인 학생보다 자질이 더 좋을 수도 있다. 가령 대인관계 또는 창의력이 더 좋을 수 있다. 평점은 3.0근처이지만 창의력이 뛰어나 우수한 연구결과를 창출하고 사회저으로도 뛰어난 리더십을 보여주는 졸업생을 많이 보았다. 마찬가지로 대학에서 학생을 선발할 때도 내신과 수능 점수로만 학생을 선발하는 것은 더 좋은 인재를 놓칠 수 있는 한계를 가지고 있다. 이처럼 한 학생을 평가한다는 것은 쉬운 일이 아니다.

학생들의 학업능력을 어떻게 평가하는 것이 좋은가 하는 것은 교육학적으로 매우 어려운 문제이다. 현재 학생이 갖고 있는 문제

해결 능력을 평가하여야 하는가 아니면 소질을 평가하여야 하는가 하는 관점에 따라 평가가 엇갈릴 수도 있다. 대학에서는 학생들을 학점으로 평가하고 있다. 그러나 대학원에 진학할 때에는 학점이외에 창의성, 협동성, 표현력 등 다양한 요소가 종합적으로 고려된다. 학점이외의 요소들을 비교과, 학점의 성격을 갖는 것을 교과라고 한다면 학생을 선발하는 경우 교과평가를 어떻게 할 것인가 하는 것이 학생선발에서는 제일 중요한 요소의 하나가 된다. 비교과 면에서 특이하게 나쁜 점이 없다면 우리는 대학졸업 때나 고등학교 졸업 시 학점 또는 점수에 의하여 우등상을 주고 있기 때문이다. 단 대학원의 경우에는 학점보다는 주로 연구논문에 의하여 평가를 하고 있다.

대학에서는 대부분의 경우 교과 성적이 우수한 학생을 선발한다. 우수한 교과 성적은 우수한 자질의 학생이 열심히 그리고 성실히 공부했을 때 얻어진다고 판단하기 때문이다. 그래서 미국의 Stanford 대학이나 UC Berkeley의 경우 전체 학생의 절반 정도를 우리나라의 수능에 해당하는 SAT점수와 고등학교 내신을 적절히 합하여 점수 순으로 선발하고 있으며 일본의 경우도 수능에 해당하는 센터시험점수와 대학본고사 점수를 합하여 학생을 선발하고 있다. 러시아나 중국에서도 본고사 점수와 수능점수를 적절히 합하여 중요한 평가도구로 사용하고 있다.

우리의 경우는 수능이 입시에서 차지하는 비중을 줄이는 것이 좋다는 식의 이야기를 직접 · 간접으로 많이 들을 수 있다. 심지어 수능을 자격고사화 하는 것이 바람직하다는 주장도 자주 접할 수 있다. 그런가하면 일부에서는 학생부의 교과 성적, 소위 내신을 많이 반영하는 것이 좋다는 의견도 강하다.

대학입시에서는 수능보다는 내신을 중시하는 것이 원칙이다. 고교교육의 정상화를 위해서만이 아니라 고교 내신은 고교시절 학생의 생활과 학업에 대해 보여주기 때문이다. 그런데 문제는 학교차이가 있는데 이를 어떻게 현실적으로 반영하느냐 하는 것이다. 지금 방식으로 평가하면 자기 실력보다 낮게 평가받는 경우도 있고 높게 평가받는 경우도 많이 있기 때문이다. 그런데 학교 차이가 없다고 가정하고 학생을 평가하라고 하는 것은 공정한 처사가 아니다.

일본은 학교차를 반영하기가 어렵다고 판단하여 내신을 입시 전형요소에서 제외시켰다. 미국의 경우에는 대학이 독자적 기준에 의하여 적절히 학교차를 고려하고 있다. 우리나라는 어떠한가? 소문에 의하면 몇몇 대학은 각 고교의 상위 10%, 또는 30%에 해당하는 성적을 적절히 평가하여 내신 평가에 반영하고 있다고 하는데 확인된 경우는 없다. 일부에서는 졸업생들의 성적에 의하여 재학생을 평가하는 연좌제는 정확하지 않기 때문에 사용하면 안된다는 주장도 있지만, 학생들의 실력을 정확하게 평가하기 위해 나름대로 머리를 짜내고 있다고 보아야 한다.

어떤 고등학교에서건 최상위권 학생은 우수한 학생으로 간주된다. 이것은 사회경제적 여건이 나쁜 고등학교 학생에 대한 배려가 고려된 한국적인 독특한 평가 기준인 셈이다. 수능의 문제가 어려워 평균점수가 낮았던 시절에는 내신과 수능을 적절히 합하여 평가 자료로 활용하여 그런대로 학내외로부터의 불만이 별로 없었다. 그러나 최근 수능문제가 쉬워 평균점수가 높아지고 그래서 상대적으로 내신의 비중이 높아지면서 교수와 학부모로부터 내신 평가방법을 개선해야 한다는 목소리가 높아지고 있다. 그런 주장의 배경에는 현재 평가방법으로는 학생의 교과 성적을 정확히 평가 할 수 없고 그 결과로 우수한 학생들이 역차별을 받게 된다는 것이다.

정부는 입시를 대학의 자율에 맡겼으면 대학이 교과평가를 어떻게 하던 간섭하지 말아야 한다. 사립대학은 사립학교의 특성에 맞게, 국립대학은 국립학교의 특성에 맞게 학생을 선발할 것이다. 우수한 학생이 많이 몰리는 대학은 그러한 상황을 고려하고 또 그렇지 못한 대학은 나름대로 기준을 고려하여 평가하고 선발할 것이기에 너무 걱정하지 않아도 된다. 사교육비가 증가한다고, 국민 정서와 맞지 않는다고, negative list를 만든다고 문제가 해결되지는 않는다. 고교 교과 성적 평가방식이 공교육 정상화 차원에서 바로 잡혀야 하고 그래야 내신 성적이 대입전형요소에서 믿을만한 요소가 될 수 있다. 공교육의 정상화, 국가경쟁력의 제고, 사회경제적 여건이 열악한 학생과 학교에 대한 배려가 정책결정의 근본 철학으로 자리 잡을 때 교과평가를 비롯한 모든 교육과 입시 문제가 해결의 실마리를 찾을 것이다.

이따금 비교과 평가가 무엇이냐고 묻는 경우를 접한다. 그래서 어떤 때는 서류평가라고 답해버리는데, 서류평가는 교과(내신) 평가를 포함하기 때문에 정확한 것은 아니다. 비교과평가는 교과평가가 아닌 부분을 나타내는 용어로서 학교생활기록부에 있는 교과 성적을 제외한 특별활동, 인성부분 등에 관련된 부분과 추천서, 자기소개서 등을 활용하여 학업성적 이외의 부분을 평가하는 것을 가리킨다.

종전의 대학입시에서는 내신, 수능 성적, 본고사성적, 논술 점수 등을 적절히 합한 점수로 학생을 선발했다고 해도 그리 틀린 말이 아닐 것이다. 그러나 학업성적만으로 학생을 평가할 수는 없으므로 학생의 특기, 적성 등을 고려하여 학생이 장래희망 전공분야에서 얼마나 성취를 하여 사회에 기여할 것인지를 고려하는 것이 입시에 중요한 요소가 된다. 물론 학업성적이 좋은 경우 어기에는 우수한 두뇌, 성실한 자세 등을 간접적으로 포함하고 있기에 대체로 우수한 학생이라 간주하여 대학에서 우선적으로 선발하는 것은 당연하다. 그러나 성적이 좀 낮더라도 적극적인 사고방식, 희망전공 분야에 대한 열정, 그 분야를 잘 할 수 있는 개인적 자질과 배경 등을 고려하여 학생을 선발하는 것이 바람직하고 또 전인교육이라는 교육목표에 부합한다. 이런 선발 방식이 정착되면 고교교육이 정상화되고 성적만으로 학생을 평가하는 분위기도 훨씬 개선될 것이다.

이런 취지에서 최근 입학사정관제도가 부각되고 있다. 그러나 구체적으로 무엇을 어떤 기준으로 어떻게 평가해야 하는지 확정하는 것은 어려운 문제이다. 미국의 UC San Diego의 경우 평가항목을 여러 개로 나눈 다음 각 항목별 평가기준을 만들어 평가하고, UC Berkeley의 경우는 종합적으로 평가하고 있다. 두 가지 방법이 다 장단점이 있다. 세부항목별로 평가하는 것이 객관성이 있어 보이지만, 중요한 부분을 빠뜨릴 수 있고, 또 세부평가기준에 대한 타당성이 논쟁대상이 될 수 있는 것이다. 종합적인 평가는 상당한 경험을 요하고 신뢰감을 바탕으로 이루어져야 하는데 주관적 편견이 작용할 수 있다는 문제가 있다.

예를 들어 봉사 관련 사항을 어떻게 평가하는 것이 좋은가에 대해 알아보자. 봉사시간만 많이 채웠다고 더 높은 점수를 주는 것이 타당한가 하는 점 역시 논란의 소지가 있을 수 있다. 그러기에 기본시간을 채우지 못한 경우, 보통정도의 봉사활동을 한 경우, 생활이 봉사생활로 여겨질 정도로 예외적인 경우 등으로 나누어 볼 수 있다. 적당히 봉사확인 도장만 찍어오는 것으로는 안된다. 얼마나 힘들고 어려운 봉사활동을 했는가를 감안해야할 것이다.

외국처럼 강인함과 협동심을 길러주는 체육이나, 정서적 안정감을 주고 심미적인 눈을 길러주는 음악, 미술 특기를 반영하면 어떨까 하는 논의를 할 수도 있겠다. 그러나 이러한 결정은 취지와는 달리 음악, 미술, 체육 관련 사교육을 조장할 우려가 있기에 신중하게 하여야 한다. 그렇다고 해서 체육, 음악, 미술 등의 예능

과목을 전혀 고려하지 않는 것도 문제가 있다.

수험생의 자질을 평가할 수 있는 방법의 하나는 경시대회 수상경력을 고려하는 것이다. 세계수준의 과학 올림피아드, 세계수준의 음악경연대회 수상경력은 그 분야의 탁월한 재능을 말해주는 것이다. 유명 대학 주최 국어 경시대회, 어학 경시대회 등이 많이 있다. 각종 경시대회를 몇 가지 기준에 의하여 분류하여 비교과 평가에 반영할 수 있으나 시간이 갈수록 경시대회의 수가 엄청나게 빠른 속도로 증가하고 수험생들은 주말마다 경시대회에 다니는 등 여러 가지 문제가 제기되고 있다. 경시대회가 본래의 취지를 벗어나 입시의 수단으로 변질되고, 일부 학원의 영리에 이용되기 쉽다. 여러 대학들이 경시대회를 대학의 이름을 알리는 수단으로 활용하는데다가 그것이 과열되는 상황이 벌어지고 있다. 그래서 입학전형에 인정하는 경시대회는 제한되어야 한다. 학생의 자질을 다양한 자료를 이용하여 평가하고자 했던 취지를 살려 난립한 경시대회의 수를 줄여야 한다. 또 경시대회의 수준이나 전통을 고려하여 전형의 기준을 세워야 한다.

매스컴에서는 교실이 붕괴되고 있다고 지적하고 있다. 이를 해결하기 위해서는 선생님이 권위와 신뢰를 가질 수 있도록 도와주어야 한다. 학교의 선생님이 작성한 기록이나 평가를 신뢰할 수 있어야 이를 대학 입시에도 활용할 수 있다. 예를 들어 교사가 쓴 추천서는 학생의 학교생활을 잘 안다는 점에서 가장 중요한 평가 자료가 된다. 이 경우 자기소개서, 추천서의 내용이 신뢰 할 수 있어야 하기에 자기소개서의 경우 이것을 면접을 통해서 부분적으로 확인하는 질문을 하도록 하고, 추천서의 경우에는 추천자의 신뢰성을 장기적으로 체크할 수 있도록 하는 방안이 필요하다.

어쩌면 이러한 비교과 평가는 이제 시작된지 얼마되지 않아 초기에는 많은 변칙이 나올 수 있고 필요성에 대한 문제도 계속 제기될 수 있다. 그렇다고 교과점수 합산만으로 학생을 선발하는 방식으로 돌아가는 것은 진전된 입시문화를 원점으로 되돌려 놓는 것이다. 점차 평가방법을 개선시켜가면서 학생의 다양한 능력을 다각도로 평가하는 것이 바람직하다. 교과 성적만으로는 한 학생의 전부를 평가할 수 없다. 그것은 그를 평가하는 하나의 중요한 자료일 뿐이다. 그것을 보완하기 위해 비교과 평가를 하게 되는데 앞으로는 그것에 대한 신뢰성을 확보하는데 힘을 기울여야 할 것이다.

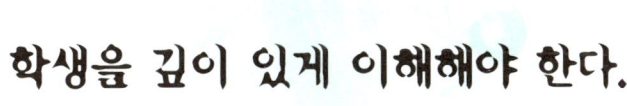

학생을 깊이 있게 이해해야 한다.

대학에서 학생을 어떻게 선발하면 좋은지에 대하여 교수들과 이야기를 나누는 기회가 많다. 대부분의 교수들은 수능점수가 제일 객관적이니 그것으로 학생을 선발하면 쉽고 제일 좋다고 한다. 그런가 하면 수능이 쉬워져 상위권 학생의 변별력이 약해지니 본고사를 보아야 한다고 주장하기도 한다. 그것이 안 되면 관심 있는 대학들이 경시대회를 해서라도 변별력 있게 선발하여야 한다고 한다. 현재의 학생선발 방법은 교수가 면접, 논술채점 등에 시간을 많이 빼앗겨 교수들에게는 선호도가 낮은 것이 현실이다. 아마도 정부당국과 대학 그리고 학생과 학부모를 동시에 만족시켜 주는 입시대책은 세우기 어려울 것이다.

대학들은 뛰어난 인재를 찾기 위해 눈에 불을 밝힌다. 명품을 만들기 위해서는 최고의 재료가 필요하듯, 훌륭한 졸업생을 배출하기 위해서는 우수한 인재를 선발하여야 한다. 우수한 학업성적을 가진 학생이거나 전반적인 학업성취도는 낮지만 특정분야에 소질과 끼가 있는 경우에 우수한 인재라고 말할 수 있을 것이다. 지금과 같이 고등학교가 평준화되어 있는데다가 수학능력시험의 난이도가 높지 않은 경우 그 결과만 보고 우수인재를 선발한다는 것은 쉽지 않다. 또 하향 평준화된 교육에 길들여져 있는 학생의 경우 내재된 소질이 잘 계발되고 있다고 판단하기 어렵다.

이런 문제점을 일부 해결하기 위하여 특목고 및 과학영재고가 설립되었다. 또 부분적으로 수준별 학습을 한다고 하지만, 이것만으로는 우수한 인재로 교육시키는 데는 부족하다. 물론 경제적, 사회적으로 낙후된 지역과 어려움을 겪는 학생들에 대한 과감한 정책적 배려는 필요하지만, 이것 때문에 우수인재 교육과 선발에 지장을 초래해서는 안 된다. 최선을 다해 학생을 가르치면서 정책적 배려를 하는 것이 올바른 순서이다. 이러한 상황에서 우수한 인재를 선발하기 위해서는 면접과 논술이 필요하게 된다. 사교육이 무섭다고 하여 이런 절차마저 폐지할 수는 없다.

수학, 과학 경시대회 우수 성적 입상자는 과학 분야의 소질이 검증된 경우라고 볼 수 있기에 관련 학문 분야의 학과에서 이들을 선발하려는 것은 당연한 이치다. 이러한 입상자의 수는 많지 않으므로 대학은 다른 선발기준을 제시하고 있다. 대표적인 것이 면접과 논술이다. 몇 분 정도 간단히 지원자의 지원동기 등을 묻는 면접보다는 10~20분정도 깊이 있게 지원자의 자질과 소양 등을 테스트 하는 것을 소위 심층면접이라고 한다. 수험생의 수가 많은 경우 교수의 부담이 커진다는 한계점이 있으나, 교수들은 자신이 가르칠 학생을 선발한다는 점에서 환영하고 있다.

면접하기 일주일 전부터 출제 교수들이 합숙을 하며 면접문항을 개발한다. 일반적으로 출제교수들이 염두에 두고 있는 내용은 다음과 같다.

(1) 교과서에 나와 있는 내용의 확인 질문

(2) 개념의 설명에 대한 질문

(3) 심화된 질문, 그리고

(4) 응용싱에 내한 실문, 또는 open question

등의 순서로 지원자에게 기본적 개념에 대한 질문과 관련된 질문을 하는 방법으로 문제를 출제하도록 부탁한다. 그렇게 하면 학생들의 소질과 창의성을 평가할 수 있다는 점에서 그 어느 방법보다 효율적이다.

일반적으로, 대부분의 학생들은 첫 번째 질문에는 대답을 잘한다. 두 번째 질문으로 어떠한 개념에 대한 설명을 요구하면 자기가 개념을 확실히 알고 있는 경우에만 제대로 답하게 된다. 그 다음 그것은 왜 그런가라고 기초이론에 관련된 심화된 질문을 하면 깊이 있게 공부한 학생만이 대답을 할 수 있다. 그 다음에는 어디에 응용이 가능할까 등 정답이 따로 없거나 여러 가지로 대답할 수 있는 질문을 하면 학생의 또 다른 잠재적인 능력과 창의성을 평가할 수 있다. 이렇게 3~4단계 질문과 대답, 그리고 관련되는 질문을 하는 면접을 하면 학생의 실력차이가 뚜렷이 드러난다. 이런 심층면접에서는 평소 개념을 확실히 알고 있고 기초 이론 공부를 제대로 하고 다양한 사고를 할 수 있어야 대답을 잘 할 수 있다. 평소 이렇게 공부하도록 가르치는 것은 교육을 정상화시키는 데 도움을 줄 것이고 학생의 창의력 개발에 꼭 필요한 것이다.

논술의 경우 대부분의 경우 인문 · 사회 교과적 성격이 강하다. 이공계 학생들에게도 과학적 지문을 제시하여 실험 · 탐구 · 관찰학습과 연계되는 질문을 하고 이에 관련된 논술을 하도록 유도한다면 고등학교에서의 교육이 본연의 모습을 되찾을 수 있을 것으로 생각된다. 이미 몇 번 시도도 해보고 있지만 아직은 고등학교 교육이 그 단계까지는 못 미치는 것 같다. 그러나 이것이 미래의 논술고사 방향임은 분명하다.

기술이 발달하면서 여러 가지 새로운 입시방법도 개발할 수 있을 것이다. 예를 들어 지원자들이 컴퓨터 앞에 앉아서 사이버(cyber)실험을 하도록 하는 등 다양한 방법을 개발하여 활용한다면 이공계에 지망하는 학생들의 과학적 소질과 능력을 더 정확하게 평가할 수 있을 것이다. 이러한 대학에서의 이공계 분야 선발 방식은 현실적으로는 고교에서의 교육을 한층 더 높은 수준으로 끌어 올릴 수 있지 않을까. 중 · 고교에서 창의성과 과학적 소질을 길러주는 교육을 하고 대학에서 그러한 인재를 선발하여 세계무대에서 활동할 수 있는 졸업생을 배출할 때 우리나라는 세계화 시대의 도전에 성공적으로 응전하는 나라가 될 수 있다.

정부는 잘못된 입시 문화를 바로 잡겠노라고 여러 대책을 강구하고 있다. 그러나 그 중에서도 학생들이 폭넓은 공부를 하지 않아도 되는 것처럼 여겨지게 하는 정책을 실시해서는 안 된다. 그 대표적인 것이 수능의 과목 수를 줄인다든가 EBS 강의에서 문제를 출제한다는 정책이다. 특정한 강의 내에서 유사한 문제를 출제하겠다는 발상이야말로 비교육적이다.

또 입학사정관제도는 학생을 점수로 줄세우기 하는 것에서 탈피한 교육적인 제도라고 한다. 그런데 소위 스펙 쌓기에 연연하다 보면 경제적으로 여유가 있어야 가능하다고 하니 이것도 걱정이 되기는 마찬가지이다.

10년 전 서울대는 대학입시에 서류평가(정확히 표현하면 비교과평가)를 도입하였다. 그것이 지금의 입학사정관제도로 발전된 것이다. 그 당시 교육부 관계자는 점수로 줄 세워 학생을 선발하는 방식이 아닌 학생의 소질과 적성 등 제반요소를 고려하므로 바람직한 방법이라고 찬사를 보냈다. 그러나 대학 내 교수들로부터는 서류내용의 진위를 검증하는 것도 필요하고 서류평가의 비중을 너무 높이는 것은 바람직하지 않다는 우려의 소리가 들려왔다. 그래서 초기단계이므로 서류평가의 비중은 그리 높지 않게 하고 서류 평가 시 우려를 해소시킬 수 있도록 면접의 비중을 높였고 면접시간도 1인당 20~30분으로 하였다. 외국에서의 오랜 경험으로 면접을 20분 이상하면 객관성 있는 결과가 얻어진다는 것은 널리 알려진 사실이다. 최근 다른 대학에서 입학사정관 역할을 수행한 교수로부터 서류만 봐서는 누가 우수한지 판단하기가 어려운데, 20~30분 발표도 시키고 면접을 해보니 확실히 판단이 선다는 이야기를 들었다.

종전까지 면접은 글자 그대로 얼굴을 맞대고 간단한 질문을 몇 가지하면서 수험생의 기본소양과 학업능력에 관련된 보완적인 평가를 하는데 그 목적이 있었다. 그래서 면접시간도 대략 5분 내외였고 수험생에게 부여되는 점수도 그리 크지 않아서 면접 담당 교수나 수험생이 그리 큰 부담은 갖지 않았다. 더 오래 전으로 거슬러 올라가면 70년대에는 2~3분 정도 신상과 지원동기에 관한 간단한 질문 정도로 특별한 경우를 제외하고는 당락에 영향을 주지 않았다. 특별한 경우란 면접결과 C를 주면 입학고사관리위원회 등에서 불합격시킬 수 있는 예외적인 경우이다. 면접을 이 정도로 하여도 괜찮다고 생각한 것은 다른 전형요소들, 예를 들면 본고사 점수, 수능 점수 등 객관적인 자료가 있으며 그 자료는 학업능력을 평가하는 데 신뢰할 만하다는데 그 배경을 갖고 있는 것이다.

최근 입시의 경우 내신과 자기소개서 수준 정도의 객관적인 자료만 가지고 지원자를 평가하는 것은 만족스럽지 못하다고 생각되어 면접을 강화하는 방향으로 가고 있다. 따라서 명칭도 '면접'에서 '면접 및 구술고사'로 바꾸고 또 시간도 1인당 5분 정도 할애하던 것을 20~30분 정도로 늘리는 곳이 많아졌다. 면접 및 구술고사가 당락에 큰 영향을 미치니 종전에 비하여 관심이 면접에 집중되고 있다. 어떻게 하여야 객관적이고 공정하게 할 수 있는가가 제일 중요한 관심사항이다. 면접이 대학 입학 전형자료로 활용되는 독일, 프랑스의 경우에 1인당 면접시간은 20~30분은 되어야 신뢰성이 있다고 한다. 미국의 일부 대학에서는 지역 동창들의 인터뷰 결과를 참고하기도 한다.

하지만 면접이 과연 공정할까? 지역과 성(性)에 따라 차이가 있지 않을까? 예를 들면 서울 중산층의 여학생이 상대적으로 말을 잘하는 것 같고 "경상도 머슴아"는 사투리에 어눌한 표현을 하는 것 같은데 이런 요소들이 면접결과에 영향을 주는 것은 아닌지 하는 의문이 제기된다. 지난 몇 년간 남·여에 따라 또 지역에 따른 면접결과를 분석한 결과 다행히도 성과 지역 차이에 따른 면접결과의 차이는 통계적으로 크게 나타나지 않았다. 우리 교수들이 제대로 잘하고 있는 것처럼 보인다. 그러나 통계 분석결과에도 불구하고 그럴 수 있는 가능성은 가끔 제기되기 때문에 면접 교수를 대상으로 사전 워크숍을 하는 일은 중요하다.

또 면접조 차이에 의한 영향을 어떻게 최소화하느냐가 중요하게 된다. 마음씨 좋고 후하게 평가하는 면접교수를 만나는 것과 깐깐하고 박하게 평가하는 면접교수를 만나는 것이 결과적으로 차이가 나면 객관성을 잃어버리게 되니 문제가 아닐 수 없다. 면접교수를 훈련시켜 눈높이를 똑같게 하는 것은 불가능한 일이다. 결국 상대평가를 할 수밖에 없다. 상대평가는 통계적으로 동일한 집단이라는 것을 전제로 하기 때문에 통계적으로 유의한 변수를 찾아 수험생들을 중고등학교에서 반을 나누듯이 동질하게 하고 상대평가를 하는 방법을 택하는 것이 최선이다. 이것을 받아들이지 못한다면 필기시험을 보고 채점한 결과를 활용할 수밖에 없는데 다행히도 우리 사회가 이런 정도는 수용할 만큼 성숙되었다고 판단된다.

일부 언론에서는 심층면접이 지필고사에 해당하는 본고사라는 비판을 하기도 했다. 예를 들어, 수학의 경우에는 종이를 나누어주고 면접 전에 자기의 생각을 정리하게 하고 면접 시에는 그것을 보면서 수험생의 설명을 듣고 또 후속질문을 하게 되는 방식을 택하고 있기 때문에 그런 이야기가 나온 것이다. 종이에 풀이과정과 답을 쓰고 그것을 보고 점수를 매기면 그것은 지필고사이고 생각을 정리하게 하고 그것을 토론의 출발점으로 삼아 계속적인 질문과 대답에 의하여 평가를 한다면 그것은 면접이라는 유권해석이 나오게 되자 몇 번 보도가 된 이후에는 이제 그런 기사는 나오지 않게 되었다. 20분 정도 장시간 수험생에게 여러 가지 질문을 하고 토론을 하다 보면 수험생의 사고능력이 그대로 노출되기 때문에 면접 및 구술고사는 필기시험 또는 논술로 평가하는 방식에 비하여 장점이 많다고 생각된다. 단 문제는 교수를 너무 많이 힘들게 한다는 것이지만 우리가 활용할 수 있는 다양한 평가도구를 갖는다는 관점에서 바람직한 것이다.

　10여 년 전 입학업무를 담당했을 당시에도 사회경제적 약자에 대한 배려는 필요하였다. 경제적 여건이 좋은 가정의 학생은 사교육기회도 많고 학교의 교육여건도 좋은 반면 학교의 교육여건이 나쁘고 경제적 여건이 열악한 학생도 있다. 그러므로 수능점수에 의존하여 학생을 선발하는 것은 당장은 어렵지만 잠재능력이 있는 학생선발의 기회를 놓치는 것이요, 그러한 학생에게는 양질의 교육기회가 주어지지 않는 것이므로 역시 바람직한 것이 아니다. 어떻게 하는 것이 좋은가에 대한 논의가 진행되면서 농어촌학생 특별선발을 하기로 하였다. 도시의 영세민 자녀에게도 기회를 주는 것을 검토하였으나 가짜 영세민 확인증을 제시하는 경우도 꽤 있을 수 있다는 생각이 들어서 일단은 보류하기로 하였다.

　그 다음으로 고려한 것이 특수교육대상자(장애인은 특수교육이 필요하므로 이렇게 칭한다)에 대한 배려였다. 그들도 정상인과 같이 더불어 공부하는 것이 바람직하다고 모두 생각하였지만 현실적으로 10년 전에 대학에서 이들에 대한 배려는 없었다. 학업 여건이 여러 가지 불리하고 열악하므로 일반학생과 동등한 결과를 내는 것은 쉬운 일은 아니라고 보았기 때문이다. 모든 대학 구성원이 이런 취지에 공감하여 입학은 허가하였는데 경쟁에서 탈락하면 어떻게 하는가, 공부할 수 있는 편의시설도 잘 갖추지 못한 상태에서 입학만 시키면 어떻게 하느냐하는 점에서 반대 의견이 제시되었다. 그러나 이제 그런 우려가 사라지고 소질과 잠재력 있는 특수 교육 대상자가 입학하게 되었다. 이제는 대학에 그들을 위한 시설과 서비스가 어느 정도 자리를 잡은 것 같고 다 같은 대학의 구성원으로 같이 생활하고 있는 모습이 아름다워 보인다. 이러한 사회경제적 약자에 대한 배려를 점차 늘려 우리 사회의 따뜻한 기운이 대학 캠퍼스에도 가득하기를 기원한다.

현재 좋은 학업성취를 보이는 학생 못지않게 잠재력 있는 학생을 선발하는 것이 최선이겠으나 더욱 바람직한 것은 우리사회가 발전하여 학생이 어느 곳에 살던지, 집안의 경제적 여건이 어떻든지 관계없이 학교에서 양질의 공교육을 받을 기회를 보장하는 것이다. 그리고 대학은 정치적인 논리가 아닌 교육적인 논리에 의해 학사 행정을 펼쳐야 한다. 그래서 각 대학의 교육목표와 설립이념에 따라 자율적으로 학생을 선발할 수 있는 권리를 가져야 한다.

대학입시는 원칙에 충실해야 한다.

가끔 고등학생을 자녀로 둔 부모로부터 대학입시를 어떻게 준비하면 좋으냐는 질문을 받는다. 내신을 올리기 위해 학교를 옮기는 것이 좋은지, 무슨 전공을 하면 좋은지, 면접 준비는 어떻게 해야 하는지 궁금한 것들은 대략 이런 것들이다.

대학에서 학생을 선발하는 큰 흐름과 원칙을 놓고 생각하면 대학 입시를 효율적으로 준비하는 방법은 크게 세 가지로 나눌 수 있다.

첫째, 고등학교 학업을 열심히 한다. 전 과목을 다 잘할 수 있으면 그렇게 하고 그렇지 못하면 좋아하는 과목, 잘하는 과목의 공부를 열심히 한다.

둘째, 학생의 미래 희망을 생각하고 학생의 학업 성취도를 고려하여 현실적으로 가능한 대학과 학문분야를 정한다. 대학은 하나가 아니라 복수로 생각하는 것이 현실적이다. 그리고 이 결과를 바탕으로 수능 준비를 해야 한다. 이 단계에서 점수가 잘 나오는 과목을 고려하여 분야를 결정한다든가 욕심을 너무 내면 실패하기 쉽고 성공하더라도 나중에 문제가 따를 것이다.

세 번째는 관심 있는 분야에 대하여 깊이 있게 공부도 하고 여러 가지 경험을 해보는 것이다. 물론 관련되는 글쓰기도 열심히 해서 모아 놓으면 좋은 입시 자료로 활용할 수 있다.

점수에 맞추어 대학과 학문분야를 정하는 것이 아니라 관심 있고 소질 있어 보이는 분야를 찾으려는 노력이 전제된다면 명문 대학은 아니더라도 실력에 맞는 대학 그리고 관심 있는 분야의 학과에 갈 수 있을 것이다. 관심 있는 분야를 공부하면 성적이 좋아져서 대학 생활이 즐겁고 사회에 나가서도 적성에 맞는 직업을 택하여 행복한 삶을 영위할 수 있다.

학문분야를 전공하는 것이 아니라 기능분야가 적성에 맞는다면 그 길로 가도록 해주는 것이 부모의 역할이다. 예를 들어 아이가 강아지 미용에 관심이 있다면, 요리 주방장이 멋있어 보인다면, 그렇게 하도록 하는 것이 자녀를 행복하게 해줄 것이다. 내 주위에 있는 교수 한 분은 자기 자녀가 애완견을 너무 좋아하여 애완견 미용사가 되겠다고 하여 쾌히 허락했다고 하는 이야기를 자랑스럽게 하는 것을 들으며 우리의 사회도 이제 직업의 다양성을 수용할 수 있을 정도로 많이 성숙해졌구나 라는 생각을 했다. 너무 당연한 이야기 이지만 이러한 원칙이 존중되는 것이 자녀를 위한 길일 것이다. 자녀를 행복하게 해주는 것이 곧 부모의 행복이어야 한다. 그리고 모든 인간은 행복할 권리가 있다.

우리나라만큼 입시 전문가가 많은 나라가 세계에 또 있을까? 학부모와 교사는 다 교육 전문가이다. 그러나 우리나라만큼 입시제도를 자주 바꾸는 나라는 세계 어느 곳에도 없다. 선발과정이 너무 복잡하고 자주 바뀌어 제대로 이해하고 있는 전문가도 별로 없는 듯하다. 우리나라만큼 교육정책 담당공무원(서기관급 과장)이 자주 바뀌는 나라도 세계에 드물 것이다.

행정고시출신의 우수한 자질을 가진 공무원인데도 현황을 파악하고 나름대로 좋은 아이디어를 낼 단계가 되면 다른 부서로 발령 난다. 그러니 문제없이 조용히 지내려고 하거나 성과가 금방 나올 수 있는 것들에 관심이 많다. 그래서 장기간에 걸쳐 문제의 근본을 찾아 고치는 것은 생각하기 어렵다. 교육정책을 제대로 실현하려면 담당공무원이 전문성을 살릴 수 있도록 장기간 담당 업무에 몰입하도록 해야 한다. 교육정책만이 아니라 모든 정책이 다 유사한 상황이라고 하면 전문성을 살릴 수 있는 공무원이 업무를 맡도록 해야 한다. 경험도 없이 의욕만 앞선 공무원은 일을 그르치기 십상이다.

모든 부모가 좋은 대학에 자녀를 입학시켜야 하겠다는 소망을 가지고 있다. 그리고 대학은 기본적으로 우수한 인재를 선발하려고 한다. 그래야 대학교육을 통하여 훌륭한 인재로 키워 사회에 배출할 수 있기 때문이다. 대학이나 학문의 특성에 따라 차이가 있을 수 있으나 대체로 대학이 원하는 인재는 다음과 같다. 좋은 대학에 자녀를 보내고 싶다면 다음 사항에 유의해야 한다.

1) 중고교시절 학교에서 학업 성적이 우수해야 하고
2) 대학이나 전공하려고 하는 학문 특성에 맞는 기초 소양과 자질을 갖추어야 하고
3) 대학생활, 사회생활을 하는데 기본적으로 요구되는 인성 등을 갖추어야 한다.

비교과 평가를 할 때는 고등학교가 있는 지역 여건과 학부모의 사회경제적 능력을 고려한다. 이러한 요소를 종합적으로 고려하여 점수로 환산하거나 등급을 부여한다. 아울러 전공하려는 학문 특성에 맞는 배경과 인성을 가지고 있는지 등을 평가하기 위하여 다양한 자료를 활용한다. 대학에서 자연과학 또는 공학을 전공하겠다고 하는 학생의 경우 관련 교과목 공부를 충실히 했는지 평가한다. 선생님의 추천서, 특별활동 그리고 본인의 수학계획서 등을 통하여 그러한 지원서의 내용에 부합하는지 여부를 평가한다. 역시 이것도 대학이 자체적으로 정한 기준에 따라 점수화 하던가 등급을 부여한다. 그래서 두 가지 요소, 성적 및 수능 점수와 같은 교과평가와 추천서 등의 비교과평가를 종합적으로 고려한다.

성적이 매우 우수한 경우 비교과요소에 결격사유가 없으면 무

조건 합격시킨다. 성적(교과요소)이 어느 정도 우수한 경우 비교과 요소가 뛰어나면 합격시킨다. 또는 교과요소와 비교과요소의 점수를 합하여 점수 순으로 합격자를 선발한다. 두 가지 방식에 차이는 있지만 그 결과는 비슷하다. 교과적인 요소와 비교과적인 요소를 같이 평가하기 때문이다. 최근 확산되고 있는 입학사정관의 역할은 이러한 두 가지 요소를 객관성 있게 평가하는 것이다. 또 그렇게 하도록 전문성이 있는 입학사정관을 활용하는 것이다. 이렇게 하면 성적순으로 줄 세우기 한다는 비난에서 벗어날 수 있고 국민들에게 공정한 교육의 기회를 제공할 수 있다.

오래전부터 이런 방식을 택하고 있는 외국의 예와 우리나라의 상황을 비교해 보면 무엇이 문제인지가 분명해진다. 우리는 고등학교 학업성적 평가를 학생들의 실력과는 무관하게 기계적으로 적용하고 있다. 고등학교가 평준화되었다는 비현실적인 상황을 강요하고 그것을 받아들여야 하는 현실이 대학입시의 정상화를 가로막는 걸림돌이다. 어느 고등학교는 전국으로 치면 상위 1~10%내에 있다. 어느 학교는 진국적으로 10~100% 사이에 있을 수 있다. 그럼에도 불구하고 그 학교의 중간학생은 다 동일한 내신 점수를 받게 되는 시스템을 합리적이라고 할 수는 없다.

대학 입장에서는 이러한 평가방법을 받아들일 수 없다. 이러한 평가방법으로는 학교의 차이를 반영할 수 없고 가난한 집 아이들의 잠재능력을 생각할 수도 없게 한다. 그러니 여러 가지 방법으로 내신 평가는 하되 실질 점수 차이를 크게 두지 않아 결과적

7 · 대학입시는 대학에 맡겨야 한다.

으로 내신 성적을 무력화시키는 것이다. 가끔 몇몇 대학에서 편법으로 그러한 요소를 고려하였다고 하여 문제가 제기되어 매스컴에 보도되는 경우를 본다. 수능의 문제 수준이 높을 때는 그것으로 변별력을 확보할 수 있었다. 그러나 지금과 같은 쉬운 수능에서는 중상위권 학생들의 경우 점수 차이가 크지 않고 또 실수로 한 두 문제 틀리면 낮은 등급을 받게 되므로 오늘날은 평가요소로서의 가치가 많이 떨어지게 된 것이다.

비교과적인 요소는 아직 우리사회에 신뢰의 기풍이 자리 잡지 못하고 있어서 비중을 높여 평가하기 어려운 현실이다. 너무 비중을 높이면 부유한 환경의 자녀가 더 혜택을 보게 되는 결과도 예상되고 비교과적 요소마저 점수로 연결되는 비인간화, 비교육적 요소가 강해질 것으로 예상되어 점차 확대해 가는 것이 바람직하다. 그러나 교과적 요소만 따지던 종래의 입시문화에서 한 걸음 앞으로 선진화하고 있는 것만은 분명하다.

만약 교과적 요소만 전형기준으로 삼는다면 학생으로서는 내신과 수능성적을 올려야 한다. 내신은 상대평가를 하므로 석차가 중요하다. 실력을 올리는 것보다는 석차만 올리면 된다. 같은 반 친구하고도 경쟁해야만 한다. 경쟁상대에게 자기 노트를 보여주는 것은 바보 같은 짓이다. 그리고 수능에서 높은 점수를 받아야 한다. 객관식 문항 잘 찍기, 실수 안하기가 중요하다. 학원은 분명 이러한 점에서 도움이 되는 듯하다. 논술, 면접 관련 내용이 평소 교육에 녹아 있어야 한다. 그런데 별도의 과목으로 훈련 받는다.

그래서 사교육비는 가중된다. 이런 비교육적 환경 속에서 우리 자녀들을 인간다운 인간으로 양육할 수는 없을 것이다.

대학입시를 규제하면 대학은 새로운 방법을 찾는다. 편법도 동원한다. 그러면 정부는 또 새로운 방식으로 규제한다. 그렇게 할수록 대학입시는 점점 더 심하게 꼬여간다. 이런 악순환을 벗어나기 위해서는 대학입시를 과감하게 대학에 맡기는 것이 정답이다. 그러면 각 대학은 대학 여건에 맞도록 합리적인 방법을 제시할 것이다.

어떤 대학은 미국의 대학처럼 내신을 중시하고 수능점수와 여러 가지 비교과적인 요소를 종합하여 선발할 것이다. 어떤 대학은 중국의 대학처럼 수능을 중시하고 생활기록부를 참고로 할 것이다. 그러나 어떤 대학도 대학에 부담이 되는 본고사를 중시하지는 않을 것이다. 대학은 고교졸업생이 갖추어야 할 기본 소양을 요구할 수 있다. 한 두 과목 편식하여 공부하는 것보다는 어느 정도 골고루 공부하여 기초를 쌓는 것이 중요하기 때문이다. 그렇게 되어야 내신이 입시 전형에서 가장 중요한 자료로 자리 잡게 될 것이다.

입시를 바꾸면 사교육비가 증가한다는 비판이 있을 수 있다. 어떤 경우이던 사교육은 현실적으로 존재한다. 이런 사교육의 팽창을 막으려면 공교육의 정상화로 사교육비를 낮추는 정공법을 선택해야 한다. 형식적으로 평준화된 고등학교의 차이를 실질적으로 인정하도록 해야 한다. 그래야 고등학교에서 더욱 열심히 학생들을 가르치는 자극제를 처방해 주는 효과를 거둘 수 있다. 이렇게 몇 년이 지나면 우리에게 맞는 제도로 정착될 것이다. 어려운 문제일수록 큰 원칙을 존중해야 문제가 풀린다.

8 .

물고기 잡는 방법을 생각하도록 하는 것이 교육이다.

교육은 물고기를 주는 것이 아니다.

나는 학생들에게 세부사항을 지시하는 것을 될 수 있는 대로 피한다. 자유롭게 생각하도록 분위기를 조성하여 재량권을 많이 준다. 어떤 교수는 연구 아이디어가 생각나면 전화로 대학원생에게 지시하였다고 자랑한다. 물론 단순한 지시는 아니겠지만 대학에서의 연구는 교육과 병행되어야 한다. 또 다른 예로, 대학원생이 늦게 나오거나 주말에 연구실에 없으면 연구를 등한히 한다고 야단치는 교수도 있다. 오랜 시간을 연구실에 머물게 하는 것을 교수의 능력이라고, 그렇게 하면 연구 성과가 많이 나온다고 생각하는 것 같다.

어떻게 하는 것이 학생을 잘 지도하는 것일까? 학생을 지도하다보면 빠른 시간 안에 내가 원하는 결과를 보고 싶어진다. 그러려면 세부적인 사항을 학생에게 지시하고 학생은 부지런히 쉬지 않고 실험하고 보고서를 써서 가져와야 한다. 학생을 테크니션처럼 시키기만 하고 학생에게 생각하는 기회를 제공하지 않는 것은 비교육적이다. 그러나 이런 방식은 혹자는 이렇게 해도 학생 스스로 기초를 배울 수 있어서 교육적이라고 한다. 그러나 그것은 학생이 창의적인 생각을 하여 기대하지 않은 좋은 결과가 나올 수 있는 기회를 봉쇄하는 것이다.

이런 경우 아무리 기다려도 결과물이 없을 때는 난감하기도 하다. 그러나 학생 스스로 생각할 기회를 주는 것이 가장 바람직한 교육방법이다. 학생과 토의를 한다고 하면서도 일방적으로 교수의 생각을 주입하는 것도 문제이다. 학생의 의견을 존중하면서 질문을 하며 학생의 사고력을 키우고 그래서 어느 일정 수준에 올라오도록 하는 것이 교수의 역할일 것이다. 학생에게 모든 것을 지시하는 것은 물고기를 주는 것이다. 그렇게 되면 매번 세부적인 것을 지시해야 한다. 그래가지고는 학문의 발전을 기대할 수 없다.

우리는 가끔 가난한 이들에게 빵을 주거나 돈을 주고는 만족해한다. 가난한 이들에게 물고기를 갖다 주면 그때는 배고픔을 면하겠지만 물고기를 갖다 주는 것을 중단하는 순간 다시 배고픔에 직면하게 된다. 그래서 물고기 잡는 법을 가르쳐 주는 것이 교육이라고 한다. 이 말도 곰곰이 생각해보면 물고기 잡는 단순 기능만을 가르쳐준다면 물고기를 잡으려는 이들이 많이 있는 오늘날의 경쟁 사회에서는 살아가기가 쉽지 않을 것이다.

교육은 물고기를 잡는 단순한 방법을 가르쳐주는 것으로 끝나서는 안 된다. 교육은 물고기를 잡을 수 있는 원리를 가르쳐주고 물고기를 많이 잡을 수 있는 아이디어를 낼 수 있는 창의력을 길러주는 것이어야 한다. 오늘날의 교육은 암기식으로 단순 기능을 가르쳐 주는 것이 아니라 원리와 개념을 깨닫게 하여 창의적인 인간으로 홀로 서게 하는데 목표를 두고 있다. 또 물고기는 혼자서 잡을 수 있는 것이 아니다. 여럿이 힘을 합해야 더 큰 물고기를 더 많이 잡을 수 있는 것이다. 그러기 위해서는 여럿이 같이 지낼 수 있는 조화로운 성품이 필요한데 그런 내용도 교육에 포함시켜야 할 것이다.

또 다른 비유를 생각해본다. 목마른 말을 시냇가로 데려가면 갈증을 채우고 마음껏 물을 먹게 할 수 있다고 하여 교육은 말을 시냇가로 데려가는 것이라고 한다. 그러나 말이 물을 마시지 않으려 하면 아무 소용이 없다. 말을 시냇가에 데려가는 것보다 물을 마시겠다는 의욕을 심어 주어야 한다. 요즈음 용어로 주도적 학습이 중요하다는 것이다. 내가 아는 어떤 정치인은 학생들에게 바다를 보여주는 것이 교육이라고 한다. 바다를 보면서 해양과학의 꿈을, 조선공학의 꿈을, 글로벌한 미지 세계의 꿈을 가질 수 있고 그것이 교육의 시작이라고 한다. 여기서 해양 과학자나 조선공학자가 되라고 강요하지 말고 바다를 본 학생 스스로 그런 사람이 되고 싶다는 의지를 가질 수 있어야 한다는 것이다.

교육과 관련한 견해 중의 하나로 학생들이 중고등학교까지 경쟁 없는 분위기에서 자유롭게 공부해야 한다고 주장하는 사람이 있다. 심지어는 대학도 평준화시켜야 한다고 주장하기도 한다. 최근 우리나라의 예술·문화·과학기술이 많이 발전하는 것을 보면서 학생들을 시험에서 벗어나게 하여 자유롭게 생활하도록 하는 것이 학생들의 창의력 발달에 큰 도움을 준 면도 어느 정도는 인정해야 할 것이다. 그러나 바람직한 것은 교육을 통하여 창의력 계발을 극대화시켜야 한다는 것이다.

자연현상을 보면서 호기심을 발동시키고 사회현상을 논의하면서 따뜻한 인간애를 키우고 예술작품을 감상하면서 상상의 날개를 펼 수 있도록 하는 것이 교육의 힘이다. 어려서부터 자유롭게 방목할 것인가 아니면 경쟁 속에서 성장하게 할 것인가 이러한 이분법으로 나눌 것이 아니라 어떻게 하면 학생이 학생의 눈높이에서 재미있게 자기의 소질을 키워나갈 수 있는지에 초점을 맞추어야 하는 것이다.

물고기는 주어지는 것이 아니다. 인생의 행복도 사회의 발전도 주어지는 것이 아니다. 물고기는 잡아야 한다. 마찬가지로 인생의 행복도 사회의 발전도 우리가 적극적으로 찾아야 하는 것이다. 산을 오르는 과정이 때로는 어렵고 힘든 순간들이 많지만 산을 오르는 순간순간을 즐기고 정상에 서는 순간의 기쁨을 맛보도록 하는 것이 교육의 기능이다. 그러나 무엇보다도 산을 생각하면 행복하고 거기에 오르고 싶은 꿈을 심어주는 것이 교육의 핵심이다.

북유럽 국가의 하나인 핀란드는 교육개혁에 성공한 나라의 하나로 알려졌다. 유치원에 갈 나이가 된 만 6세 아이들은 무상으로 취학전 교육을 받으며 중학교까지 일반 교육을 받는다. 그 후 54%가 일반 고등학교를, 37%가 직업트랙학교를 선택하고 대학도 4년제 대학과 폴리테크닉 대학으로 나누어져 있는 것이 특징이다. 우리나라 같으면 직업학교(폴리테크닉 대학)를 가는 학생이 이렇게까지 많지 않은데 핀란드는 직업학교가 활성화 되어있다. 그 나라에서는 어떤 직업을 선택하던 귀천을 따지지 않는 사회적 분위기가 정착되어 있다. 그래서 우리처럼 대학에 진학하지 못하는 것을 부끄러워하지 않는다.

그것은 중학교까지의 과정에서 집근처에 훌륭한 학교가 있어 교육의 수준과 질에 큰 차이가 없도록 목표를 정하고 노력했기 때문에 가능하다. 그리고 사회가 안정되어 있어 어떤 고등학교나 대학교에 가던 자녀가 적성에 맞는 길을 찾아 행복한 삶을 살아가는 것이 최선이라는 가치관이 확립되어있기 때문이기도 하다. 자녀의 소질과 적성에 맞는 길을 찾아주려는 노력이 핀란드 교육의 기본 철학이다. 이러한 노력으로 1960년대 가난한 농업 국가이던 핀란드는 이제는 복지국가로 탈바꿈하였다.(참고문헌12)

핀란드 교육모델을 살펴보면 중학교까지는 정말 내실을 다지는 충실한 교육을 한다. 교사 1명이 한 클래스 학생 10명 정도를 지도한다. 교사 중에는 석사학위 소지자도 많고 전반적으로 교사의 수준은 세계 최고 수준인 듯하다. 겉으로는 평등 교육이지만 실제로는 학생의 수준에 맞추어 가르친다. 물론 특별히 뒤쳐지는 학생은 별도로 교육을 시킨다. 그래서 모든 학생이 낙오되지 않고 교육을 받을 수 있도록 한다. 일단 중학교를 졸업하면 철저히 경쟁체제로 들어간다. 학생의 능력과 소질에 따라 인문계 또는 실업계 고등학교로 진학한다. 그리고 소수의 졸업생만이 대학에 진학한다. 우리나라의 80% 넘는 대학진학율과 비교가 되지 않는다. 어릴 때는 자유롭게 어느 단계가 지나면 경쟁체제를 도입한다.

중학교까지는 이상적인 교육목표를 설정하고 그것을 달성하려고 노력한다. 우리도 이렇게 할 수 있다면 좋겠다. 한 학급 규모를 10명으로 하려면 엄청난 예산이 소요된다. 그러나 예산은 그렇게 교육의 질을 높이는데 쓰는 것이 바람직하다. 그러나 학생의 능력과 소질이 드러나는 고등학교에서는 철저하게 경쟁논리를 적용한다. 공부를 계속할 수 있는 능력과 의지를 가진 학생만 대학에 진학한다. 그래서 우리처럼 교육에 낭비적 요소가 없다.

오래전에 미국에 교환교수로 1년 머물렀다. 그곳에서 우리 아이가 중학교 3학년에 들어가 공부했다. 공부했던 과목의 하나가 미국역사였는데 아이의 영어가 서툴러 학교에서 제공한 교재를 같이 읽으며 설명해 주었다. 그 덕에 나도 미국역사를 공부할 수 있는 기회를 가졌다.

그 교재에는 미국의 독립, 남북전쟁, 멕시코와의 전쟁, 1차 대전 참전, 2차 대전 참전 등을 거쳐 오늘날의 미국에 이르게 된 역사가 서술되어 있었다. 거기에는 역사적으로 중요한 사건에 대하여 그 시대의 배경 설명, 사건이 일어날 수밖에 없는 당위성, 미국이 취한 정책 그리고 그 결과를 설명하고 있다. 마치 미국역사 관련 논문을 읽는 것 같았다. 교재를 읽다보면 어떤 정책이 미국을 강대국으로 만들었는지 미국이 힘이 없고 약할 때는 어떤 정책으로 살아남았는지를 이해할 수 있게 된다. 아이의 공부를 도와주면서 시험을 앞두고 예상문제를 만들어 공부하도록 했다. 몇 가지 중요한 것들은 암기하도록 했다. 그러나 학교의 시험 문제에는 암기를 요하는 문항은 하나도 없었다. 역사 공부는 몇 년에 누가 무슨 일을 했느냐를 아는 것이 중요한 것이 아니라 과거의 경험을 이해하고 그것으로부터 미래를 준비하는 것이라는 것을 말해주는 것이었다. 미국 교육의 힘을 다시 한 번 느낀 유익한 경험을 했다.

선행학습은 독약이고
심화학습은 보약이다.

아는 집에 6학년짜리 초등학생이 있었다. 학생 엄마가 학원에 가서는 아이가 열심히 공부하면 과학고나 외고에 갈 수 있는지 물어보았다. 학원에서는 과학고나 외고와 같은 특목고에 진학하려면 초등학교 4학년부터 준비하여야 하니 6학년은 너무 늦었다고 하였다. 선행학습을 하지 않으면 도저히 그런 학교에 갈 수 없다고 했다. 초등학교 때 중학교 과정을 공부하고 중학교에서는 고등학교 과정까지 공부한다고 한다. 이렇게 선행학습을 하는 학생들이 많다. 학원에 보낼 형편은 안 되는데 학원에서는 벌써 늦었다고 한다. 그 말을 들어야 했던 부모의 심정이 어떨지 상상이 된다.

선행학습을 해야 하는 또 다른 이유는 학교에 가면 선생님께서 "너희들 이것 다 배웠지"하면서 하나하나 꼼꼼히 가르치지 않는다는 것이다. 모든 학교가 다 이런 것은 아니겠지만 이렇게 가르치는 학교가 많다고 한다. 그러니 학생들로서는 선행학습을 해야 옆의 학생들과 최소한 같은 수준은 유지할 수 있다고 믿는 것이다. 선행학습을 하지 않으면 나만 뒤쳐진다는 느낌을 가지게 된다. 이런 세상이니 부모로서는 선행학습을 시킬 수밖에 없는 것이다. 부모가 자녀의 교육에 대한 나름대로의 소신을 갖고 있더라도 이런 환경에서는 불안하기는 마찬가지다. 선행학습이 필요하다는 풍조는 학원의 수입을 늘려준다. 수입이 많지 않은 많은 가정에서도 사교육 열풍을 피해갈 방법이 없다. 돈이 없어 선행학습을 못 시키는 부모도 많다. 그런 부모들의 가슴에는 한이 쌓인다. 우리가 인식하는 사회적 불평등의 구조에는 이런 교육적 요소도 큰 비중을 차지한다.

서울 어느 지역에서 학원에 다니는 이유에 대하여 조사했다고 한다. 어떤 자료에 의하면 학원에 다니는 학생의 42%, 또 다른 자료에 의하면 60%가 선행학습을 위하여라고 답했다고 한다. 과연 선행학습은 필요한 것일까? 선행학습의 문제는 무엇일까? 선행학습이 많은 문제를 갖고 있다면 그 대안은 무엇인가?

과학교육 전문가이시고 대학 총장을 지내신 J교수님은 모든 공부는 때가 되어서 해야 효과가 있다고 말씀하신다. 해당 학년에서 공부해야 할 것을 너무 일찍 배우면 겉으로는 이해하는 것으로 어느 중학교 선생님에게 들은 이야기이다. 중학교 2학년에 성적은 전교 석차 5등 안에 들고 노래도 잘하는 다재다능한 학생이 있었다. 부모는 경제적으로도 넉넉하여 아이가 어려서부터 여러 군데 학원에 보냈다. 일반적으로 학원에서는 1년 반을 앞당겨 선행학습을 한다. 부모는 학교보다 학원공부를 챙겼다. 늘 학교공부가 끝나면 어머니가 교문에 지키고 있다가 차에 태워 학원으로 데리고 간다. 밤12시~새벽1시에 귀가한다. 목표는 특목고에 합격하는 것이다. 이 학생은 자기의 의지나 뜻과는 상관없이 부모의 뜻에 따라 로봇처럼 살았다. 대부분의 학생들이 그렇듯이 또래 친구들과 따로 노는 일은 거의 없고 학교에서 친구들괴 이야기를 나누는 것이 전부다. 그나마도 짬짬이 학원숙제를 해야 한다. 수업시간은 거의 졸거나 눈치를 봐서 잔다. 유일한 휴식시간은 수업시간이다. 학교공부는 선행학습으로 다 아는 내용이라서 흥미도 없고 선생님이 가르치는 내용이 마음에 들지도 않는다. 그러던 그해 10월에 이 학생은 더 이상 공부가 싫고 공부를 해야 할 이유를 못 느낀다며 자살을 했다. 자기 집 10층 아파트에서 뛰어내린 것이다. 과연 이 어머니는 자식을 진정 사랑하고 위한 것일까? 정상적인 학교생활을 하며 평범하게 살게 했더라면 이렇게 부모의 가슴에 못을 박는 일은 없었을 것이다. 자식은 부모가 가진 욕망의 노예가 아니다. 자녀가 제 철에 맞는 음식을 먹고 건강하게 자라도록 해야 한다. 그런데 무작정 키를 자라게 하겠다고 앞으로 먹일 음식을 억지로 먹인다면 그것은 음식이 아니라 독약이다.

보일는지 모르지만 근본 개념을 정확하게 파악할 수는 없다고 한다. 너무 일찍 선행학습을 하는 것은 이처럼 알지도 못하면서 아는 것처럼 여기는 착시현상을 일으키게 한다. 그럼에도 불구하고 현실적으로 학원가에서는 선행학습이 판을 친다.

학교수업에서도 학원을 다닌 학생은 흥미를 느낄 수 없다. 한 번 배운 것을 또 배우는 것은 누구도 재미를 느낄 수 없을 것이다. 배운 것을 또 들으니 집중도도 떨어진다. 가르치는 선생님도 학생들이 선행학습을 했다고 생각하니 가르칠 때 신바람이 나지 않는다. 이러한 상황이니 심한 경우에는 간단히 요점만 설명하고는 연습문제나 풀게 되는 것이다. 사교육은 이처럼 공교육을 황폐화 시킨다.

선행학습은 일부 극소수의 학생에게는 효과가 있겠지만 대부분의 학생에게는 겉핥기식 공부에 지나지 않고 주로 문제 푸는 요령을 배우는 것에 국한된다. 그렇다면 선행학습은 지금 당장의 고통은 덜어주지만 나중에는 병세를 더욱 악화시키는 독약과 같다.

교육에 관심 있는 부모라면 선행학습의 문제점을 알고 있다. 그러나 문제는 다른 아이들은 다하는데 내 자녀만 안할 수는 없다는 것이다. 학원에 보내서 선행학습을 시키지 않으면 부모는 무능력한 것처럼 여겨지고 남보다 자기 자녀들이 뒤지는 것 같아 불안하기만 하다. 그래서 자기 위안을 위해서라도 자녀를 학원에 보내는 것이다. 선행학습은 앞으로 배울 것까지 학원에서 배우고 여기에 정답을 골라내는 요령까지 배우게 되니 당장 성적도 올라갈 것 같다. 이런 유혹 때문에 사교육의 굴레에서 벗어나지 못하고 있다.

요즈음 학원이 한 아이에게 미치는 영향력은 너무 크다. 학원은 완벽한 멀티플레이어가 된 것처럼 무슨 과목이던 다 잘할 수 있는 아이로 만들어준다고 선전한다. 그리고 이런 학원에 아이를 보내는 부모는 자신이 유능한 것처럼 사부한다. 이러한 사교육의 매력으로 인해 공교육은 단지 학원에서 해주지 못하는 것을 채워주기를 바라는 정도로 주객이 전도되어 버렸다. 국, 영, 수 및 도움이 될 만한 것들은 이미 학원에서 하고 있으니 학교는 졸업장을 주고 학원에서 해주기에는 조금은 부족한 예체능을 보완해 줄 수 있는 장소쯤으로 여긴다.

스승의 날이 되면 학생들은 선생님, 교수님에게 감사하는 마음을 표시한다. 졸업생들은 카드를 보내거나 이메일을 보내고 가끔은 전화라도 하며 스승에 감사의 마음을 전한다. 그것은 우리사회가 갖고 있는 아름다운 문화이자 세계에 자랑할 만한 전통이다.

그런데 최근 친구, 지인으로 부터 듣는 이야기는 매우 충격적이었다. 스승의 날 학교 선생님이 아니라 학원선생님에게 감사의 뜻을 전한다고 하는 것이다. 학원 선생도 스승으로 여길 수 있다고 볼 수는 있겠으나 그래도 학교 선생님에게 먼저 감사의 표시를 하는 것이 순리일 것이다.

사교육이 공교육을 대체하고 있는 잘못된 교육환경을 바로 잡으려면 먼저 선행학습을 해야 한다는 착각에서 학부모가 벗어나야만 한다. 내 아이를 남보다 앞세우려면 미리 배우게 할 것이 아니라 이미 배운 것을 깊이 알도록 가르쳐야 한다. 마라톤을 할 때도 처음에 너무 앞서 나가면 나중에 지쳐서 뛰지 못한다. 지금 당장 뛰쳐나가게 하지 말고 나중에 힘을 잃지 않도록 기력을 비축해 두어야 한다. 이런 관점에서 보면 선행학습은 독약이고 심화학습은 보약이다.

내가 대학에서 학생들에게 이야기하는 공부방법의 하나를 소개하겠다. 먼저 교과서에 있는 기본 개념과 내용을 숙지하는 것이다. 교과서에 있는 어떤 단원에 관해 책을 덮고 3~5분 정도의 시간을 들여 기본 개념, 중요성 등을 설명할 수 있을 정도로 내용을 이해하여야 한다. 책을 한두 번 읽었다고 그 내용을 다 이해하는 것은 아니다. 3~5분 정도로 이야기할 정도로 전체적인 흐름을 파악하는 것이 기본이다. 세부적인 몇 가지는 알지만 전체적인 흐름을 이해 못하면 하나도 모르는 것이다. 전체적인 이해를 한 후에는 세부적인 내용을 하나하나 설명할 수 있도록 공부해야 한다.

깊이 있는 문제를 다루거나 응용적인 이슈와 연결할 수 있으려면 기본 내용 및 개념의 파악이 필수적이기 때문이다. 다음에는 교과서에 나오는 중요한 단어들(key words)의 의미를 설명해보라고 한다. 그 다음 그 단어들을 연결해보거나 단원의 내용을 그림이나 도표 또는 그래프로 그려본다. 여기까지 할 수 있다면 대체로 기본 개념은 이해했다고 할 수 있다. 그리고 과학을 공부할 때는 질문을 계속하면서 그 답을 찾겠다는 마음으로 공부하는 것이 효과적이다. 왜 그런가? 이 현상을 어떻게 설명할까? 이것을 생활에서 응용할 수 있을까? 이렇게 질문을 많이 하는 학생이 공부를 잘하는 학생이다.

우리 주위에 자료는 많이 있다. 인터넷에 들어가면 그동안 우리 인류가 쌓아 놓은 지식이 엄청나게 쌓여있다. 중요한 것은 그 지식을 활용할 수 있는 능력이다. 중요한 그리고 기본적인 지식이면 암기하려고 하는 노력도 필요하겠지만 세상의 모든 지식을 다 암기할 수 없다. 구태여 암기할 필요도 없다. 과거에는 지식, 정보를 아는 것만으로도 큰 힘이 되었지만 21세기 지식징보화시대에는 지식과 정보를 이해하고 활용하는 능력이 더욱 큰 힘을 발휘하게 한다. 과거 산업사회에서는 단순한 지식을 묻는 것이 시험문제에서 중요한 부분을 차지했지만 이제는 그것을 이해하고 활용하는 방법을 묻게 된다. 그래서 사지선다형 문제에서 그럴듯한 답을 찍는 식의 공부는 의미가 없어진다. 그래서 심화학습은 객관식 문제를 푸는 것이 아니라 자기 스스로 문제를 만들고 창의적 답안을 마련하는 공부를 하는 것이다.

학원 공부	참 공부
• 4지 선다형 정답 맞추는 요령, 주입식	• 정답이 없거나 여러 개, 창의력 계발, 토론식
• 단순한 지식 암기와 이해	• 심화 학습 위주
• 인간관계 관심 없음	• 인간관계 형성, 팀워크 중시

위 표에서 보는 바와 같이 학원에서 하는 공부는 참 공부라 할
수 없다. 그런데 자녀의 성적이 학원 공부에 좌우된다고 믿는 부
모들이 많다. 그래서 돈이 없어 학원에 보내지 못하는 부모 마음
은 어떨지 짐작이 간다. 아이를 학원에 보내지 않으면 불안하다.
학원에 보내야 부모로서 역할을 다한 것 같다. 다음 단계는 어떤
학원을 보내느냐 하는 것이다. 어디가 좋은 학원인가? 어떤 학원
선생이 잘 가르치는가? 비싸고 좋은 학원에 보내야 유능한 부모
노릇을 하는 것 같다. 학교에서 내주는 숙제에는 크게 관심이 없
다. 내신에만 지장 없으면 된다. 학원에서 내주는 숙제는 자녀의
학습에 매우 중요하다고 생각한다. 학원 숙제를 챙겨주며 자신이
능력 있는 부모라고 믿는다. 이런 부모는 돈과 시간을 들여 자녀
의 앞길을 가로막고 있다는 사실을 모른다.

이 문제를 해결하려면 우선 가정과 학교에서 선행학습의 문제
점을 파악하고 선행학습을 하지 않는 분위기를 만들어야 한다. 그
러기 위해서는 사회적인 캠페인이 필요하다. 학원연합회 같은 단
체에서도 국가를 위하여 그리고 아이들의 미래를 위하여 선행학

습을 부추기는 것보다는 심화학습을 하는 방향으로 학원의 운영 방침을 바꾸도록 해야 한다. 사회가 발전하는데 일익을 담당해야 지 아이들에게 해로운 줄 알면서도 수익만을 챙기려 해서는 안 된다. 사교육 기업이 국가발전에 도움이 되는 교육 기업으로 변신하기 위해서는 더 이상 선행학습으로 학부모의 눈을 흐리게 해서는 안 된다.

과학고나 특목고에 보내려면 선행학습을 꼭 해야 한다고 믿는 학부모들이 많은데 능력에 벅차게 선행학습을 시키면 결국 자식의 교육과 미래를 망칠 수 있다고 생각하고 재고하는 것이 필요하다. 부모는 자녀가 잘되기를 바란다. 특목고에 진학시키면 자녀의 장래가 유리해질 것이라고 믿는다. 그것은 이해할 수 있지만 특목고에 보내는 과정에서 무리하게 공부시켜 자녀의 학습능력, 사고력, 창의력을 떨어뜨려 상기적으로 자녀의 미래를 망칠 수 있을지 모른다. 특목고는 원칙적으로 그 분야의 적성과 재능이 있는 학생을 선발하여 교육시켜야 한다. 특목고의 선발이 지난 몇 년간 선행학습 분위기를 만든 주요인의 하나라고 하면 특목고의 선발방식을 재고해야 한다.

공부에 있어서 중요한 것은 배운 것을 소화하여 자기 것으로 만드는 과정이 필요하다는 것이다. 그렇게 되기 위해서는 생각할 수 있는 시간이 필요하다. 암기만 하는 것은 별 의미가 없다. 음식이 소화되어야 영양분이 되듯이 어떤 지식을 완전히 숙지하려면 일정 기간이 필요하다. 이처럼 배운 것을 자기 것으로 만들어야 응용력을 깨우칠 수 있다. 학교에서 배운 것이 잘 소화되지 않는다면 학원에서 보충할 수 있을 것이다. 또 응용력을 깨우칠 기회나 심화학습을 할 기회가 주어지지 않는다면 학원에 가서 보충하고 확인하는 것이 좋다. 이런 목적으로 학원을 활용해야 한다. 그러나 새로 배운 지식에 익숙해지는 과정을 거치지 않고 또 새로운 지식을 배우는 것은 두뇌를 혹사시켜 지식의 소화불량증에 걸리게 한다.

교육을 걱정하는 많은 선생님들이 선행학습의 문제점을 지적하고 있다. 인터넷에 '선행학습' 이란 단어를 넣으면 관련되는 많은 자료가 나온다. 양식 있는 사람들은 선행학습보다는 심화학습을 하는 교육 분위기가 자리 잡기를 갈망하고 있다. 하루아침에 세상이 변할 수는 없겠지만 그런 변화의 방향으로 나아가야한다. 선행학습을 그만두고 심화학습으로 공부 방향을 바꿀 때 공교육이 살고 창의적 인재를 키울 수 있는 기반이 마련된다.

최근 입학사정관제도가 등장하면서 정부는 비뚤어지고 왜곡된 오늘의 교육을 바로잡는데 기여할 수 있다고 믿고 있는 듯하다. 그러나 우리사회에 만연된 선행학습을 주도하는 사교육 열풍을 먼저 잠재우는 것이 시급하다. 공교육에 대한 불신으로 사교육이 팽창하고 있다. 따라서 공교육을 살려가면서 사교육 억제 정책을 실시해야 한다. 공교육을 잘 받으면 자녀의 능력을 최대로 계발할 수 있다고 하는 믿음이 생길 수 있도록 해야 한다. 그리고 공교육이 살기위해서는 자녀를 있는 그대로 그 수준에 맞게 가르치는 교육이 되어야한다. 학교에서 잘하는 학생과 그렇지 못한 학생을 나누어 수준별 학습을 철저히 한다면 학원의 수요도 많이 줄어들 것이다. 그래야 선행 학습이 줄어들고 심화 학습을 하는 방향으로 교육 분위기가 바뀌어질 것이다.

눈높이에 맞추어 교육해야 한다.

오래전부터 고교평준화라는 국가의 정책에 따라 자질이 우수한 학생, 보통인 학생, 그리고 좀 떨어지는 학생을 한반에 배치하고 공부시켰다. 잘하는 학생들은 가르치는 내용이 너무 쉬워 학교공부에 흥미를 잃고 실력이 떨어지는 학생들은 너무 어려워 따라가지 못하고 그나마 중간 수준의 학생들은 선행학습을 해오니 선생님의 수업시간이 재미가 없는 것이다. 이것이 총체적 교실붕괴의 전형적 현상이었다. 학생을 수준별로 나누어 교육시키면 교육효과가 좋아질 것으로 생각되어 수준별 학습을 일부 시도하였지만 많은 학부모들이 소위 우열반으로 나누는 것은 평준화의 정신에 위배된다고 반대하고 있다. 자기의 자녀가 소위 열등생반에서 수업 받는 것을 받아들이기 싫은 부모가 많은 것이다. 또 수준별 학습을 위해서는 교사의 수도 많이 필요하고 교실도 많이 있어야 하기에 예산이 많이 들어간다. 그런 예산을 확보하지 못해 교실붕괴는 그냥 지속될 수밖에 없었다. 이러한 시행착오를 오랫동안 경험하면서 자녀의 수준과 능력을 있는 그대로 인정하고 대책을 세우는 것이 자녀의 미래를 위해 더 낫다고 하는 인식이 학부모사이에 확산되었다. 그런가하면 국가에서도 교실붕괴를 더 두고 볼 수만은 없어 최근 수준별 학습이 확산되기 시작하였다. 뒤늦게나마 사태의 심각성을 알게 된 정부에서 수준별 학습을 위해 다양한 지원책을 마련하고 있어 그나마 다행이다.

어린아이들은 자기가 흥미와 즐거움을 줄 수 있는 것에만 집중할 수 있다. 억지로 시키지 않아도 스스로 공부할 수 있게 해야만 효과가 있다. 싫어하는 것을 억지로 부모가 시킬 경우 학습효과는 떨어질 수밖에 없다. 또 이런 경험이 반복되면 공부 그 자체가 싫어진다. 스스로 공부할 수 있게 동기유발을 하고 그 속에서 즐거움을 느끼게 해주는 것이 부모와 교사의 역할일 것이다. 동기유발을 하고 흥미를 갖게 하기 위해서는 아이들 수준에 맞추어 가르쳐야 한다.

예를 들어 미국의 경우 수학과목인 경우 기초수학, 수학1, 수학2, 고급수학(AP, Advanced Placement) 순서로 공부를 한다. 유럽 프랑스의 빠깔로레아의 경우도 수준별로 다양화되어 있다. 어느 단계를 성공적으로 마친 학생이 다음 단계의 공부를 한다. 이처럼 학생의 수준을 고려한 교육이 효과적이므로 정부의 교육에

산은 수준별 학습에 최우선적으로 투입되어야 한다. 교육과정을 개선하고 교실과 교사 확보에 우선 투자해야한다. 수준별 학습이 필요한 모든 교과목으로 최단 시간 내 확대하여 시행하여야 한다. 교실이 부족하다면 학교 밖이라도 여유 있는 공간을 찾아 활용하면 된다.

학부모의 입장에서도 수준에 맞는 학교를 선택할 수 있다면 구태여 사교육에 의존할 필요가 없다. 그렇지 않고 평준화 정책이 유지된다면 진정한 수준별 학습을 학교에 요구하여야 한다. 공부를 따라가기 힘든 학생들이 많다는 것도 받아들이자. 그런 아이들에게 꾸준히 지도하여 기초실력을 키워주는 것이 필요하다. 비록 좋은 대학진학은 어려워도 사회가 필요로 하는 기초소양을 길러주고 혼자서 문제들을 풀어갈 수 있는 훈련을 시키는 것이 올바른 교육의 길이다. 우리가 가진 교육 문제의 근본 원인은 너나없이 일류대학에 보내려는데 있다. 교육의 근본 목표는 건강하고 건전한 인격체로 양육하는 것이지 명문대에 보내는 것이 아니다.

교육현장에 있는 선생님들을 만나보니 수준별 학습이 성공하려면 평가가 제대로 되어야 하는데 평가수단이 마땅치 않아서 수준별 학습은 성공하기가 어렵다고 한다. 현재의 상대적 평가에 기반을 둔 내신과 이를 활용하는 대학입시를 생각할 때 수준별 학습 성과를 제대로 평가할 수 없다는 문제점이 있다. 그러나 이 문제는 고등학교에서 고민할 문제가 아니다. 고등학교에서는 수준별 학습을 제대로 하고 평가도 정상적으로 하면 된다.

학생이 공부한 과목의 특성과 수준 그리고 그 학교의 여건 등을 종합적으로 고려한다면 얼마든지 객관화시킬 수 있고 그것을 평가하는 것은 대학의 몫이다. 최근 확산되고 있는 입학사정관에게 맡겨야 한다. 이것이 미국의 대학입시에서 내신을 평가하는 방식인 것이다. 또 다른 평가는 수학능력시험 또는 본고사를 통하여 평가받는 것이다. 수준별 학습은 평가가 목적이 아니라 학생의 학습효과를 극대화하는데 목적이 있으므로 과목별 석차가 아닌 다른 방법으로 평가하는 방안도 생각해볼 수 있다.

또 다른 관점에서 수준별 학습의 한 방법은 수준에 맞는 학교에 가는 것이다. 그것은 옛날식으로 일류, 이류, 삼류 학교로 나뉘는 식으로 회귀하는 것은 아니다. 옛날보다 발전적인 방식이 마이스터고, 특목고, 특성화고, 자율학교, 일반고, 대안학교 등으로 나누어 선택의 다양성을 보상하사는 것이다. 분야별, 수준별 다양성을 기반으로 하는 여러 학교를 만들어 자녀의 수준과 흥미 등을 고려하여 공부하게 만드는 것이다. 이런 이야기가 나오면 평준화 정책을 고수하는 이들은 사회경제석 약사의 입장이나 사교육비를 이유로 들어 큰 목소리로 반대한다. 이들의 주장에도 일부 일리가 있다고 보고 정책에 반영해야 되겠지만 학생들을 하향 평준화시키는 지금의 평준화 정책은 재고되어야 한다.

교육의 근본 목적은 우리 자녀들이 가진 소질과 적성을 계발하는데 있다. 그것을 방해하는 제도는 그 어떤 명분을 가지고 있더라도 시행해서는 안 된다. 그렇게 생각하면 우리나라의 경우 수능Ⅰ, 수능Ⅱ제도를 도입하는 것이 한 가지 대안이 될 수 있을 것이다. 수능Ⅰ은 기초교과목으로 기초학력을 테스트하고, 수능Ⅱ는 상위권 대학에서도 변별력 있게 사용할 수 있는 수준을 높인 다양한 선택 교과목으로 시험을 치르는 것이다. 그리고 대학별로 선택하여 활용한다고 하면 수능난이도를 하나에 맞춘 현재 교육의 문제점은 상당히 해소될 것이다. 아니면 수능Ⅰ과 대학별 지필고사를 도입하는 수밖에 없을 것이다.

공교육의 정상화를 위하여

우리의 미래는 예측 불가능할 정도로 다양한 변화가 찾아올 것이다. 이에 대비하기 위해시는 학생의 눈높이와 적성에 따라 다양한 과목을 선택하도록 교육기회를 주어야 한다. 오래 전에 서울대학교에서는 서울대에 지원하기 위해 고등학교에서 기본적으로 공부해야 하는 과목과 수준을 제시하였다. 그랬더니 고등학교 교장선생님들이 찾아오셨다. 서울대학교 요구대로 하기 위해서는 다양한 선택과목을 제공하고 가르쳐야 되는데 고등학교 실정은 교실도 모자라고 가르칠 선생님도 없다는 것이다. 이제는 중고등학교 교실도 많이 늘렸고 여러 상황이 개선되었으니 고등학교에서도 학생의 수준과 자질을 고려한 교육을 실시해야 한다. 우리가 획일적인 교육의 틀에서 벗어나야 다양한 분야에서 활약할 인재를 키울 수 있다.

정부에서 내놓는 공교육정책은 부분적인 개선책에 불과하다. 문제의 본질을 이해하고 있는지 모르겠지만 내놓는 개선책에 대하여 누구도 그것으로 우리의 교육문제가 풀릴 것으로 기대하지 않는 듯하다. 고등학교 교육의 정상화는 고등학교 선생님들이 대학과 협의하여 풀어갈 문제이다.

우리는 오랫동안 그 속에 있었으니, 우리의 현실을 객관적으로 보지 못 할런지도 모른다. 외국에서 공부하며 살다가 우리나라에 온 외국인의 참신한 시각으로 우리나라의 교육 현장을 보면 어떤 평가를 내릴까? 우리나라 국제 중·고등학교에서 학생들을 가르치고 있는 외국인의 눈에 우리나라 교육은 어떻게 비쳤을까? 그들은 우리나라의 교육 담당자들이 좋은 교육이 무엇인지에 대한 분명한 철학이 없는 탓인지 근본적인 문제의식도 없고 따라서 적절한 치료법도 제시 못 한다고 비판하고 있다. (참고문헌 3) 교육정책을 다루는 관리들을 여러 번 만났는데 그들이 학교 현장을 잘 이해하지 못하고 있다고 느꼈다. 피상적으로 나타나는 현상만을 문제라고 생각하고 있기에 본질적인 해결책을 제시한다기보다는 상징적이고 정치적인 해법을 제시하고 있다는 느낌을 받았다. 학생을 잘 가르치는 것이 목적이 아니라 사교육비를 줄이는 것이 최대의 목표라고 생각하는 것 같다. 아마 외국인의 시각도 나와 동일할 것이다.

학부모는 오늘의 복잡한 교육 현실에서 아이들을 좋은 대학에 보내기 위하여 최선을 다한다. 수입에 비하여 턱없이 비싼 사교육비를 과감히 지출한다. 좋은 대학을 가면 아이들 장래가 보장된다고 믿는다. 그런데 그 과정에서 아이들의 사회적응 능력을 키우지 못하고 아이들의 타고난 소질을 전혀 고려하지 않는다는 사실을 깨닫지 못하는 듯하다.

학교 선생님은 정부의 정책이 그러하고 세상이 이러하니 어쩌지 못한다는 무사안일주의에 빠져있다. 교실이 붕괴되어도 학생들 인성을 키우지 못해도 교사가 할 수 있는 일은 별로 없다고 생각하는 듯하다. 우리나라에는 이런 심각한 교육 문제에 대해 책임질 사람이 없다.

사교육기관은 기본적으로 돈을 버는 곳이다. 학생의 성적을 올려주고 학업을 도와주는 대가로 돈을 번다. 수능시험 전에는 수능이 중요하다고 하고 수능이 끝나면 이번에는 면접, 논술이 중요하다고 한다. 정부가 어떤 정책을 내 놓아도 사교육기관이 할 수 있는 사업영역은 여전히 넓다. 정부의 교육정책이 왜곡되어 있을수록 사교육기관의 힘은 더욱 막강해진다. 사교육기관이 국가의 교육을 걱정하는 것 보다는 당장의 돈벌이에 관심을 가지는 것은 당연하다. 따라서 그들에게 우리 교육의 장래를 맡겨서는 안 된다.

정부, 학부모, 교사, 학원 모두가 교육 문제를 해결해야 하는 당사자이다. 모두 머리를 맞대고 오늘 교육이 갖고 있는 문제의 배경을 이해하고 원칙에 맞도록 문제를 풀어야한다. 시간이 걸리더라도 문제의 핵심을 보고 정공법으로 접근해야 한다. 단시간에 해결하려고 또 표면에 나타나는 현상만을 보고 대책을 세우면 문제가 더 어려워진다. 무엇이 문제인지, 문제의 핵심은 무엇인지 충분히 토론한 다음 근본적인 대책을 강구해야 한다.

명문대학을 가는 지름길은 특목고에 입학하는 것이라고 믿는 이들이 많다. 학원에서의 홍보도 이점을 잘 활용하고 있는 듯하다. 몇몇 명문대학 신입생 선발 숫자는 1년에 1~2만 명이니 전국 학생을 50만 명으로 보면 2~4%만이 입학하게 된다. 특목고에 진학하면 명문대에 가는데 필요한 상위권에 들어가기가 유리하다고 부모들은 생각한다. 특목고에 입학하기 위해서는 초등학교 4~5학년부터 본격적인 입학준비를 해야 한다고 한다. 이러다보니 어린 시절을 제대로 보내지도 못하고 특목고 입학을 위해 시간을 모두 빼앗겨 버린다.

특목고가 명문대학 입학에 왜 유리할까?

(1) 수준이 비슷한 학생들이 있어 수준별 학습 즉 높은 수준의 학습이 가능하기 때문에 (2) 과학이나 어학에 특기가 있거나 자질을 살리고 싶은 경우 많은 기회를 제공해주기 때문에 (3)대학에서 또는 사회에 나왔을 때 특목고 동창 인맥을 활용할 수 있어서 등의 이유를 생각할 수가 있을 것이다. 이중에서 과학고인 경우 매 학기에 하는 탐구활동 등을 보면 도전적이고 창의적인 활동을 하게 되어 제대로 가르치고 있는 것 같다. 그래서 어릴 때부터 어학

이나 과학에 흥미를 많이 가지고 있거나 자질이 있는 학생에게는 권하고 싶으나 그렇지 않다면 굳이 과학고나 외고 진학을 권하고 싶지는 않다. 아무래도 과학과 외국어에 중점을 두다보면 폭넓은 공부를 할 수 없기 때문이다.

중고등학교시절에는 인문사회, 어학, 과학, 예능 분야 등 다방면의 교육을 받는 것이 아이들의 소질과 적성을 탐색하고 길러 주는데 높은 수준의 교육 또는 수준별 교육을 받게 해주는 것은 일반 고등학교이던 아니던 어느 학교에서나 중요하다. 특목고에 가기 위하여 상당수의 학생들이 선행학습을 하다 보니 그것이 유행처럼 일반고교에 진학하는 학생들에게까지 번지고 있다. 그러나 대학에서는 이런 사이비 지식을 가진 학생을 원하지 않는다. 진짜 실력이 있는 학생을 양성하려면 특목고가 명문대학 입학에 유리한 조건을 없애는 것이 하나이고 두 번째는 특목고 입시에서 선행학습을 한 학생보다 심화학습을 한 학생이 유리하도록 입시전략을 변경하는 것이다. 그러기 위해서는 교실에서의 교육이 수준별 학습, 깊이 있는 학습, 탐구하고 토론하는 선진 학습으로 변화되어야 한다. 이렇게 공교육이 살아나면 사교육은 공교육의 보조기능을 맡아 제자리를 찾게 될 것이다. 이처럼 공교육을 정상화하는 것이 지금처럼 비생산적인 학습에 아까운 사교육비를 쓰지 않고도 창의적 인재를 키우는데 도움이 된다. 이렇게 고교교육이 정상화 되었는데도 경제적 빈곤층이 불리하다면 별도의 조치를 취하는 것이 올바른 순서이다.

우리의 경우 중산층을 논할 때 집의 크기나 자동차의 종류 그리고 연봉을 고려한다. 그러나 선진국의 경우 행복, 정의, 봉사정신, 문화수준 이런 것들이 중산층을 결정짓는 중요한 요소가 된다. 모든 것을 월급과 같이 물질적 가치로 결정하는 우리 사회가 선진 사회로 갈 때 교육의 가치관도 변화될 수 있으며 그럴 때 오늘과 같은 입시지옥과 사교육 열풍에서 벗어날 수 있을 것이다. 중요한 것은 얼마나 빨리 선진사회로 진입할 수 있으며 또 그 과정에서 국가의 경쟁력을 어떻게 확보하느냐 하는 것이다. 만약 그동안 경쟁력을 상실하면 영원히 선진국에서 멀어지게 된다는 교훈을 역사에서 얼마든지 찾아볼 수 있다.

우리나라 정규 교육에 실망한 많은 학부모들은 대안학교를 찾는다. 이들은 기존의 중고교가 제 기능을 상실했다고 판단하고 중고등학교 본연의 이상적인 교육을 실현하고자 한다. 또 정규교육 시스템에서 문제아가 된 학생들도 대안 학교를 많이 찾는다. 나는 몇 군데 대안학교를 가보고 이야기도 많이 들었다. 거기서는 학생의 창의력 향상을 위하여 애쓰고 있고 학생의 소질을 찾아주려고 다양하게 노력하고 있었다. 이처럼 폭넓고 자유로운 사고를 하게 해주는 교육현장을 보면서 이것이 진짜 고등학교 교육이구나 하는 생각이 드는 경우가 많았다. 아마도 창의적인 인재는 제도 교육에서보다 이런데서 더 많이 배출될 것 같다.

그러나 대부분의 학부모들은 사교육 시장에서 공교육의 부실을 메꾸려 한다. 사교육 시장은 강사 50만 명에 매출은 연간 10조

256

가 넘는다. 점수 올리는 요령을 많이 가르치기는 하지만 공교육의 미비점을 보충해주는 기능을 수행하기에 사교육을 없애는 것이 능사가 아니다. 사교육이 교육기관으로 긍정적 교육 효과를 거둘 수 있도록 해야 한다. 사교육을 공교육에서도 활용할 수 있어야 한다. 그러려면 부분적으로 사교육을 정규교육으로 편입시키는 방안을 강구할 수도 있을 것이다.

　스웨덴에서는 2000년에 설립된 기업형 학교인 쿤스캅스콜란 (Kunskapsskolan)이라는 학교가 있다. 세운지 얼마 안 되었지만 스웨덴의 학부모들은 이 학교에 자기 자녀들을 보내고 싶어 한다. 여기에 보내면 단시간에 학업성취도를 높일 수 있다는 것이다. 이 학교에서는 학생 개별 상담을 통해 학생의 눈높이에 맞추어 교육시키니 성취도가 좋아질 수밖에 없다. 주식회사 형태로 운영하는데 9년 만에 22개의 학교로 성장하였다. 좋은 교육 내용을 개발하여 22개 학교가 공유하고 있으니 비용면에서도 효율이 높을 것이다. 좋은 교육을 제공하면서 이익도 챙기고 있는 새로운 스타일의 학교이다. 우리나라 학원들도 이런 기업형 학교로 전환하여 공교육의 기능을 분담할 수도 있을 것이다.

변화와 희망

공과대학교수이기 전에 아니 국민의 한 사람으로 우리나라 교육의 현실을 보면서 참 큰일인데, 진짜 큰일인데 라고 우려하며 살아왔다. 이것은 비단 나만의 생각은 아니다. 많은 교사와 교수들도 그렇게 생각하고 대다수의 많은 학부모들도 그렇게 생각한다. 그러나 정치적인 이유 등으로 근본적인 해결책을 채택하지 못하고 있다. 정치가들은 현장에서 일어나는 일을 피상적으로 파악하고 드러난 문제만 해결하는 임시방편에만 의존한다. 학부모들은 다른 사람들도 그렇게 하니까 하면서 문제가 있는 줄 알지만 그냥 쫓아갈 수밖에 없다.

우리 자녀를 최고의 인물로 만들기 위해서는 교육의 원칙을 생각하며 문제를 해결해야 한다. 그런 문제의식을 가진 학부모와 교사, 교수, 교육전문가의 수가 늘어 가면서 우리 교육에 희망이 보이기 시작한다. 교육 정책을 입안하는 관련자들도 이런 현실을 바로 보고 국민의 뜻에 공감해야 한다.

우리가 잘하고 있는 점도 많이 있다. 부모의 자녀에 대한 교육열과 교육에 들어가는 돈은 세계 최고 수준일 것이다. 이 막대한 교육비로 교육의 효율성을 올릴 수 있다면 우리나라에서 배출되는 인재는 세계 최고 수준일 것이다. 그렇게 되면 우리의 대학도 미국, EU의 명문대학 수준으로, 아시아에 있어서는 동경대, 북경대, 칭화대와 겨루는 우수인재의 산실이 될 수 있는 것이다. 그런 기대를 갖고 25년 교수로서 지내면서 느낀 바를 글로 옮겼다.

극심한 무한경쟁의 세계화 시대에 우리가 살아남으려면 쓸 만한 인재, 훌륭한 졸업생을 배출하는 것이 급선무이다. 국제적으로 활동하는 창의적 인재들이 우리나라를 선진국의 대열에 합류시킬 것이다. 그러면 우리의 교육산업도 국제 경쟁력을 갖추게 되어 외국의 학생들을 우리나라로 오게 할 수 있다. 우리의 학교가 외국에 진출하게 되어 교사, 교수들을 외국에 파견할 수 있나. 우리의 교육 방법과 내용을 외국에 소개할 수 있다. 이런 교육산업은 우리나라의 발전에 새로운 차원에서 기여할 것이다.

이런 문제를 해결하기 위해서는 자녀를 사랑하는 부모의 마음으로 돌아가는 것이 기본이다. 무엇이 우리 자녀를 행복하게 해줄 수 있는가? 그리고 우리가 자녀들에게 무엇을 희망하는가? 그리고 교육의 문제점은 구체적으로 무엇인가?

- 우리는 우리의 자녀들이 건강하게 아무 탈 없이 자라주기를 희망한다. 건강이 모든 것의 기본이다. 건강이 없으면 아무 것도 할 수 없다.
- 탈선하지 않고, 사회에 잘 적응하기를 희망한다. 옆길로 가다가 수렁에 빠질까 걱정이다. 잠시 옆길로 간 경우에는 빨리 제 길로 돌아오기를 희망한다.
- 아이들이 험난한 세상을 잘 헤쳐 나갈 강인한 마음과 지혜를 갖기를 희망한다.
- 좋은 친구 만나고 좋은 반려자 만나서 즐거운 그리고 행복한 삶을 갖기를 희망한다.
- 아이들이 공부 잘하기를 희망한다. 그것은 아이들이 좋은 직장을 가지고 편안하게 살기를 희망하기 때문이다. 특히 보람을 느끼는 일을 하며 가치 있는 일을 하기 바란다. 그러므로 진정 우리가 원하는 것은 아이들이 건강하게 사회생활을 잘 할 수 있는 것이다.

많은 이들이 요즈음 교육의 문제에 대하여 다음과 같이 이야기 한다.

- 사교육비가 너무 많이 들어간다. 사교육비 때문에 생활이 어렵다. 사교육비가 겁이나 아이 낳는 것이 꺼려진다.

- 학교에서 배우는 것이 별로 없다.
- 대학 입시는 매우 복잡하여 이해하기 어렵다. 그리고 너무 수시로 바뀌고 있다.
- 요즈음 대학졸업생들은 생각하는 것이 거의 비슷하고 획일적이다. 독창성이 별로 없다. 그리고 대학졸업생들은 정신적으로 나약하다.

우리가 인정해야 할 것이 있다. 어떤 이들은 여러 가지 이유로 이를 인정하기 싫어한다. 그럼에도 불구하고 현실을 인정해야 올바른 해결책을 찾을 수 있다. 그것을 정리해 보자.

- 학생들 간에 자질과 실력에 차이가 있다. 또 좋아하는 것이 다를 수 있고, 인생의 목표도 다를 수 있다.
- 학교 간에 차이는 있다. 그 차이는 학생들의 실력, 학교의 교육 방침, 또는 교육에 있어서의 특성화 등의 다양성에 기인한다.
- 공교육이 사교육보다 중요하다. 그것은 내신을 인정받고 대학에 입학하기 위해서가 아니다. 장기적으로도 공교육이 살아야 자녀 교육에 희망이 있고 국가에 미래가 있기 때문이다.
- 현대 사회는 경쟁하는 사회이다. 개인도 교사도 학교도 기업체도 그리고 국가도 경쟁한다. 단, 경쟁은 올림픽의 운동경기처럼 다양한 종목으로 일어나야 한다.

- 인생의 행복은 성적순이 아니다. 인생의 성공도 성적순이 아니다. 성공하고 행복한 생을 보내는 방법은 다양하다. 단순히 점수 올리려고만 하다가 행복을 놓칠 수 있다.

이렇게 종합해 보면 우리가 해결해야 할 과제가 뚜렷이 보인다. 그런데 우리나라의 교육정책은 근본적인 치유책이 아닌 임시방편의 대책만 나열한다. 학생들의 도덕성이 문제되면 도덕교과목 교육이 문제라고 한다. 그래서 도덕, 윤리 교과목을 신설하거나 시간을 늘린다. 문제 학생이 많아지고 학생들의 자살률이 올라가면 학교마다 지역마다 학생상담센터를 만들어 운영한다. 인성교육이 중요하다고 하니까 중고등학교에서 3년간의 체육시간을 1년에 몰아서 한다. 이공계 졸업생의 말하기, 글쓰기 수준을 높여야 한다고 하면 대학에서는 technical presentation, technical writing 강의를 개설한다. 이런 처방을 내리는 것은 소 잃고 외양간 고치는 식이요 문제의 근본을 보지 못하는데서 나오는 현상이다.

모든 것은 조금씩이라도 꾸준히 지속적으로 할 때 효과가 있는 것이다. 어릴 때부터 학교와 가정에서 같이 노력하여야 효과가 있는 것도 있고 특별히 교과목을 개설하는 것보다는 일반 교과목에서 조금씩이지만 꾸준히 언급하고 강조하여야 되는 것도 있는 것이다. 획일적으로 문제를 해결하는 것 보다는 사전에 문제가 생기지 않도록 다양한 방법을 활용하는 지혜가 필요하다.

우리 교육이 지금처럼 계속된다면 우리 미래는 암울하다. 지금까지 쌓아올린 국가와 민족의 발전은 기대할 수 없다. 우리 교육이 바로 서기 위한 기본 원칙을 정리하면 다음과 같다.

1. 학생 한명 한명이 소중하다. 적성과 소질을 고려하여 훌륭한 인재로 키워야 한다.
2. 중학교까지는 학생들이 자유롭게 성장할 수 있도록 눈높이를 고려한 맞춤형 교육이 되어야 한다. 고등학교부터는 대학입시 준비가 아닌 정상적인 교육이 이루어지도록 하고 대학에서는 학생의 자질과 능력을 고려하여 학생을 선발할 수 있도록 대학에 입학전형 자율권을 주어야 한다.
3. 사회·경제적 여건이 열악한 가난한 집의 학생에게는 학교가 부모의 역할을 해줄 수 있도록 특단의 지원을 해주어야 한다. 양질의 교육기회는 국민 누구에게나 골고루 제공되어야 한다.
4. 많은 학생에게 고등교육을 받을 기회를 주되 패자부활전과 경쟁이 보장되어야 한다. 대학교육의 발전은 대학과 대학 구성원인 교수의 노력에 달려있다. 연구논문수 위주의 평가를 지양하고 교수와 대학 평가시스템에 공정한 기준을 적용해야 한다. 우리가 선진국이 되기 위해서는 세계 최고 수준의 대학을 빠른 시간 안에 10개 정도 만들어야 한다.
5. 지식기반사회에 과학교육이 중요하다. 중고등학교는 물론

대학에서도 과학교육이 제대로 그리고 충분히 이루어져야 한다. 과학교육이 제대로 되어야 지식사회, 융합사회에서 원천적 힘을 기를 수 있다

6. 이제는 평생교육의 시대이다. 모든 국민에게 수시로 또는 일정기간 전념하여 재충전할 수 있는 기회를 주는 것이 무한 경쟁의 세계무대에서 발전하고 번영할 수 있는 길이다. 대학이 평생교육을 시킬 수 있도록 그래서 온 국민이 평생 동안 교육을 받을 수 있는 여건을 만들어야 한다.

7. 대기업 취업만이 자녀의 행복을 보장해주는 것이 아니다. 취업문제와 교육문제를 바로 잡을 수 있게 중소기업을 획기적으로 발전시켜야 한다.

8. 교육은 가정에서부터 시작된다. 부모가 자녀를 잘 키울 수 있도록 부모를 대상으로 교육을 시작하는 것이 교육개혁의 시작이다.

9. 이러한 교육이 갖고 있는 근본적인 문제점과 해결 방향을 정책차원에서 고민해야 하는 이는 관련부처 공무원이다. 공무원이 몇 년간 교육문제를 전념하여 들여다보면 큰 원칙이 보일 것이다. 담당 공무원이 전문성을 확보하여 거시적 시각으로 교육을 바라볼 수 있어야 한다.

우리나라가 무한 경쟁의 세계무대에서 번영 발전하기 위해서는 우리의 인적 자원을 세계 최고의 인재로 키워야 한다. 창의적

으로 키워야 한다. 강인하게 만들어야 한다. 따뜻한 인간성을 가진 사람으로 양육해야 한다. 그렇게 하기 위해서는 대학 교육을 한 차원 높여야 한다. 고등학교 교육을 정상화해야 한다. 초등학교와 중학교에서는 학생에 맞는 맞춤형 교육을 실시해야 한다. 이렇게 교육을 바로 세워야 우리가 산다.

>>> 참고문헌

1. 엄명종, 진로의 정석. (웰북. 2009)
2. 다치바나 다카시, 도쿄대생은 바보가 되었는가. (청어람 미디어. 2002)
3. 마틴 메이어, 교육전쟁. (글로세움. 2009)
4. 김미라, 공부심리학. (밀리언하우스. 2004)
5. 김혜남, 대한민국 일반중, 일반고 아이들이 입시와 인생의 승자가 되는 법 (명진출판. 2009)
6. 조벽, 나는 대한민국의 교사다. (해냄. 2009)
7. 김정명신, 나도 아이와 통하고 싶다. (동아일보사. 2003)
8. 알베르토 올리베리오, 크리에이티브 웨이. (황금가치. 2006)
9. 장하준, 그들이 말하지 않는 23가지. (부키. 2010)
10. 김도연외 20인 지음, 새로운 대학을 말하다. (매일경제신문사. 2011)
11. 이기준, 서울대가 변해야 교육이 산다. (중앙북스. 2007)
12. 에르끼 아호, 핀란드 교육개혁 보고서 (한울림. 2009)